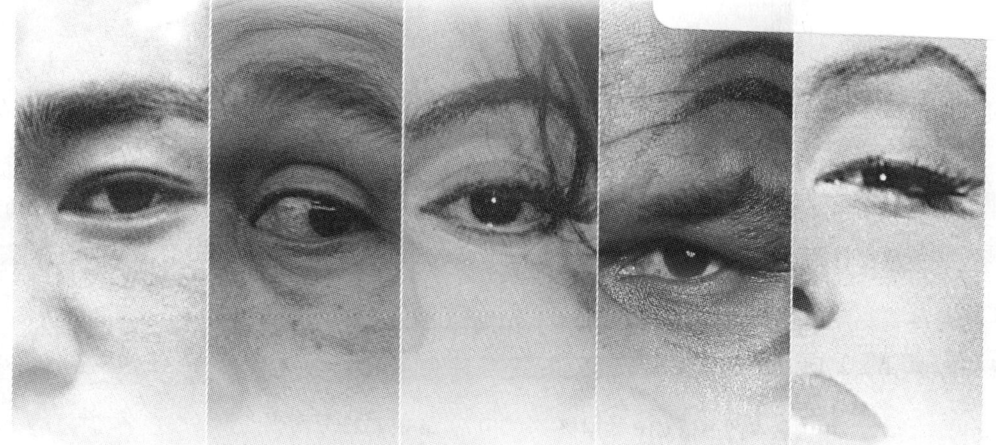

国际大案 ☆明星卷☆

THE WORLD-SHAKING TRIALS

戴　涛 / 著

解密传奇明星陨落幕后的惊世真相
洞察国际大案背后隐藏的情法玄机

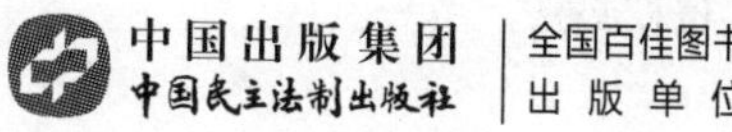

2017 · 北京

图书在版编目（CIP）数据

国际大案——明星卷 / 戴涛著 . —北京 : 中国民主法制出版社 , 2017.3

ISBN 978-7-5162-1479-4

Ⅰ . ①国… Ⅱ . ①戴… Ⅲ . ①案例—汇编—世界
Ⅳ . ① D911.05

中国版本图书馆 CIP 数据核字（2017）第 054322 号

图书出品人: 刘海涛
出 版 统 筹: 赵卜慧
责 任 编 辑: 董　理

书 名 / 国际大案——明星卷
作 者 / 戴　涛　著

出 版 · 发 行 / 中国民主法制出版社
地 址 / 北京市丰台区玉林里 7 号（100069）
电 话 / 63055259（总编室） 63057714（发行部）
传 真 / 63055259
http: //www.npcpub.com
E-mail: mzfz@ npcpub.com
经 销 / 新华书店
开 本 / 16 开　710 毫米 ×1000 毫米
印 张 / 12.25　字数 / 154 千字
版 本 / 2017 年 4 月第 1 版　2017 年 4 月第 1 次印刷
印 刷 / 永清金鑫印刷有限公司

书 号 / ISBN 978-7-5162-1479-4
定 价 / 32.00 元

自 序
PREFACE

历史充满了不确定性，有无法预知的事件，也有匪夷所思的结果。比如“流行音乐之王”迈克尔·杰克逊的骤然离世、“好莱坞性感女神”玛丽莲·梦露的香消玉殒、“功夫之王”李小龙的离奇暴毙以及林肯总统遇刺、肯尼迪总统遇刺、马丁·路德·金遇刺……这些闻名全球的大案要案背景错综复杂、案情扑朔迷离、结局不可思议，至今仍余音绕梁，争议不断。是意外让他们身陷囹圄，还是阴谋让他们命丧黄泉？无论是贤人雅士，还是市井百姓，都对此众说纷纭，莫衷一是。

其实，真相并不重要。重要的是，这些名人名案都曾是社会各界关注的焦点，在各国司法制度发展进程中具有重大的社会影响，扮演着重要角色，凝聚了当时广大公众朴素的司法理念和司法情感，在一定程度上折射出影响各国司法制度发展的因素，对各国法律乃至政治和社会生活带来了巨大甚至是革命性的变化。

有一句名言说：“正如哲学是研究他人误解的学问，历史是研究他人错误的学问。”这些轰动全球的大案要案是透视人类社会弊端的多棱镜，它既能具体生动地映照出不同社会阶层的情状风貌，又能折射出一定历史时期的法律文化和法治精神。为此，本书以侦查逻辑思维描述每一起大要案的细节，还原其历史印迹。同时，严谨解读每一起大事件背后的人文因素，揭示其背后玄机，而不是仅仅停留在案件的探秘和人物的刻画上，相信这是通过“以案释法”模式传播法律文化、弘扬法治精神的一种有益尝试！

写到这里，不禁让我想起《法律讲堂》栏目组的工作人员。六年来，《国际大案》系列节目的每一期内容，都凝聚着他们的智慧和汗水。期间，《法律讲堂》栏目制片人苏大为、副制片人陈德鸿都曾专程前往中南财经政法大学，一方面与我探讨选题与创作，另一方面与校方协商深度合作事宜。编导司洪涛、李让更是不辞辛劳，从选题、策划到组稿，从试讲、录播到出版，甚至从工作心得到衣食住行，对节目倾注了无限感情和心血，对我个人的帮助和关心无微不至。有了他们的陪伴和力量，才有我不断创作下去的勇气。我深知我的创作需要他们的引导和扶持，我也期待着今后能够和他们一起创造出更多的精彩！

目　录
CONTENTS

李小龙之死

辛普森“杀妻”案

杰克逊娈童案

泰森强奸案

梦露死亡之谜

李小龙之死

李小龙，原名李振藩，是一位伟大的武术技击家，他是截拳道的创始人，也是世界著名的功夫电影明星，李小龙的一生是短暂的，但他对中国动作电影的发展，做出了开创性的贡献，他主演的功夫片《唐山大兄》《精武门》《猛龙过江》《龙争虎斗》《死亡游戏》，是世界功夫电影不朽的经典，李小龙成功地将个人风格与武打动作相结合，让观众如痴如醉，同时他也将自己热衷的东方侠义精神成功地传播到欧美各国。对于李小龙，美国人称他为功夫之王，泰国人称他为武打至尊，电影界称他为功夫皇帝，只可惜天妒英才，英年早逝。

第一讲 巨星陨落

李小龙，原名李振藩，是一位伟大的武术技击家，他是截拳道的创始人，也是世界著名的功夫电影明星，李小龙的一生是短暂的，但他对中国动作电影的发展，做出了开创性的贡献，他主演的功夫片《唐山大兄》《精武门》《猛龙过江》《龙争虎斗》《死亡游戏》，是世界功夫电影不朽的经典，李小龙成功地将个人风格与武打动作相结合，让观众如痴如醉，同时他也将自己热衷的东方侠义精神成功地传播到欧美各国。对于李小龙，美国人称他为功夫之王，泰国人称他为武打至尊，电影界称他为功夫皇帝，只可惜天妒英才，英年早逝。

1973 年 7 月 21 日，这一天香港报纸头版头条都刊登着刺目的大标题：李小龙暴毙、李小龙离奇死亡……非常震撼，报纸上的口径几乎是一样的：当红功夫明星、年仅 33 岁的李小龙，昨晚 11 点 30 分在伊丽莎白医院暴毙。报纸上这么说：昨天晚上李小龙在这家中突然晕倒，李妻琳达紧急将他送往伊丽莎白医院救治，不幸不治身亡。截至目前医院尚未确定死亡原因。这个消息一经传出之后，整个香港为之震惊，而且这个讯息马上传往了东南亚、美国，全球各地的报纸纷纷报道这个消息：一代巨星陨落、功夫巨星李小龙猝死，等等。

1973 年 7 月 24 日，李小龙的葬礼在香港举行，两万五千多名群众拥挤在街头，想一睹这位功夫巨星的遗容，李小龙的妻子琳达按照中国的传统披麻戴孝，美国和香港地区的众多明星、同事到场吊唁。

这位功夫明星的离世为什么会造成这么大的轰动呢?

轰动的理由，首先是李小龙的个性魅力。青少年时期的李小龙跟父亲学了一点皮毛功夫，手下就有了一帮“街童恶少”，李小龙就相当于是一个孩子王，在那一带有名气有霸气，经常把年纪比他大的青少年打哭。但是没想到有一次李小龙被一个个子比他小、年龄比他小但是会功夫的人修理了一顿。这件事情促使李小龙铁下心来，跟一代宗师叶问学习咏春拳。学了几年之后十八岁的李小龙，怀揣着100美元漂洋过海，单枪匹马独闯美国，后来获得了成功，年纪轻轻的他被人称为脚踏武学和电影两大高峰的世界巨人。李小龙是一个非常传奇的人物。他很聪明，他的电影里面有一套哲理，其中有一句是“以无法为有法”。就是说，很多东西，一旦你到了最高的境界，你就没有一个法则。所以他有很多理论，当时很多香港人、喜欢电影的人都非常欣赏他，很多人就把李小龙的照片挂在自己房里，激励自己发奋图强，所以李小龙传递给这些“粉丝”的是一种自强不息、不屈不挠、坚韧不拔的个性魅力。

轰动的第二个理由是他的武学成就。在武学方面李小龙创立了截拳道，形成了一种新的武学体系传播中国功夫，掀起了世界性的中国功夫热。那么他的功夫到底怎么样呢?我们先看看他的力量。美国的空手道之父埃德·帕克曾经说，李小龙身体每个部位都会出招，他可以单手倒立几分钟，可以用两个手指做俯卧撑。这可以看出李小龙的力量非同凡响。我们再看看他的速度，我们说拳王泰森每秒钟能出拳七次，速度很快，但是李小龙每秒钟可以出拳九次，他的速度之快甚至可以在他打拳的时候，让自己的上衣悬空起来。因为速度快，所以拍片的时候，摄影师特意要放慢胶片，不然的话观众是看不清楚的。

李小龙死亡引起轰动的第三个理由，就是他的功夫片。在电影方面他是打入好莱坞的首位华人演员，而且他为好莱坞开辟了一个新的片种——

功夫片。李小龙早期在美国并没有发展很好，因为当时美国人排斥中国人演戏，后来李小龙返回香港与香港嘉禾电影公司合作，非常成功，先后拍摄了《唐山大兄》《精武门》《猛龙过江》等。《猛龙过江》是全球发行的，紧接着李小龙又跟好莱坞合作，拍下了好莱坞第一部功夫片《龙争虎斗》。

在《猛龙过江》里，李小龙大战西洋拳师，把他们打得落花流水、一败涂地。李小龙主演了总共四部半影片，最后的半部叫《死亡游戏》，这部戏非常看好，很有可能是李小龙电影中最杰出的一部，也可能是世界电影史上不同凡响的一部。就在李小龙雄心勃勃大展宏图的时候，谁也没有料到，香港报纸爆出他突然死亡的消息。

李小龙的死引起轰动的最后一个理由，就是他死得突然、诡异。李小龙怎么会死呢？这是亿万粉丝得到消息的第一反应。在他们的潜意识里李小龙不是一个常人，他一拳可以打死一头牛，人们认为他是死不了的，哪怕生病都不可能，怎么会突然在一夜之间就死去了，连抢救的时间都没有，很多人认为李小龙这次是假死、装死。因为那个时候李小龙正在拍一部影片叫《死亡游戏》，这里面的情节要求李小龙必须假死一次，所以当报纸上登出李小龙死亡的消息的时候很多人都认为这是媒体做的一种宣传，它是采取特殊的方式宣传新片。《死亡游戏》这部片子片名很诡异，李小龙给《死亡游戏》设计的故事情节是这样的：由李小龙饰演的中国武术高手卢比利，不愿意跟黑帮同流合污，就被黑帮暗算了。卢比利将计就计，遭暗算的时候假装死亡。后来卢比利乔装打扮，悄悄打败了黑帮的几名高手，黑帮发现卢比利是假死后，就绑架了卢比利的家人，并且开出条件，要想把人赎回来，必须到一座五层的高塔上面去闯关，夺取藏在高塔顶层的一份秘宝。这部影片的过程就是卢比利过关斩将，挑战五位强大的对手的死亡游戏，每上一层楼就相当于死一回，可谓九死一生。在李小龙设计的剧本中，不仅包括合气道高手，菲律宾棍王，甚至还包括篮球巨星天钩贾巴尔。在影片最后，由李小龙饰演的主人公卢比利，击败了所有高手，打开宝盒的时候，里边竟然什么宝物都没有，唯有一张写着“生是一个等待死亡的历程”的纸条。这句话乍一听，会觉得怪怪的，难道真是这句话过早地在李小龙身上得到了验证吗？现在李小龙真死了，很多人也认为不该是这种死法，英雄就应该有英雄的死法，英雄应当战死在沙场上，所以很多人认为李小龙的死，绝对不会像这个报道上说的那么平淡无奇。但是官方的报道实在是太简单了，人们并不满足于报道的内容。

看来李小龙假死说只是那些心中不愿接受现实的一些人的猜想，他们不能接受一代功夫巨星就这样平淡无奇地离去，于是才结合李小龙最后的电影——《死亡游戏》做出猜想。但是不能接受李小龙逝世的人并不在少数，他们迫切地想知道李小龙死亡的真正原因。那么这个让人觉得既神秘又蹊跷的死因究竟是什么呢？

对于李小龙的死亡这个新闻，大家心里面都是同一个想法——李小龙的死绝对没那么简单。所以事件一发生记者就开始调查，调查的对象就集中在7月20日这一天跟李小龙有过接触的三个人身上，这三个人是李小龙的妻子琳达、李小龙的哥哥李忠琛、李小龙的合作伙伴邹文怀。喜欢看港片的读者应当知道，邹文怀是香港著名电影制片人，1970年作为创始人之一创办嘉禾公司。1971年成功邀得李小龙加盟。他监制了李小龙主演的几部电影，包括《唐山大兄》《精武门》《猛龙过江》《死亡游戏》等，成功地把李小龙推入世界电影市场，后来他还成功挖掘了很多香港著名演员。

有人说李小龙在家里吃完晚饭前后，感到不舒服，后来就昏迷了；有人说李小龙是饭后在院子里面散步的时候晕倒了。但是李小龙的死亡是在深夜，那么这中间隔了好几个小时，为什么他的家里人没把他送到医院急救呢？所以这些说法让记者更加兴奋，这里一定有外人不知道的东西。后来他们很快找到了整个事件的一个突破口——伊丽莎白医院。跑得最快的是《新星日报》记者，本来记者们到伊丽莎白医院只想了解一下李小龙的死亡原因，但是没想到却有了意外收获，他们发现了一个让人震惊的事实：李小龙不是死在自己家里，而是死在了一位当红女明星的香闺内。

第二天也就是 7 月 22 日，《新星日报》头版头条大张旗鼓地刊登了所谓独家可靠消息：李小龙死前昏迷地点不是在自己家里，而是在某丁姓明星的家中！原来，这些记者在医院的救护车上打开了这个缺口。报纸上是这么说的：根据我们的调查，九龙十字军总部于当日（晚）10 点 30 分接到电话，要求派出救护车，地址是毕架山道 67 号碧花园，三楼 A 二座。这个地址就是丁姓明星，也就是当红影星李小龙好朋友丁佩的家。总部就通知第 43 号十字军去救人，后来记者还找到了政府发言人证实，政府发言人说一名 33 岁的男子，于该日晚间 11 时左右被送往伊丽莎白医院，记者还找到了急诊室里边驻守的一名女警察，也证实了李小龙入院的时间是晚上 11 点左右，所以李小龙在自己家中昏倒之说就有问题了。这个时候《新星日报》的记者立刻意识到这个消息是比李小龙之死更有分量的。因为作为媒体而言，他们首先就会想到这里头是不是有什么绯闻？明星之死加上明星之间的绯闻，这种轰动性是具有最强新闻效果的。而且这个时候李小龙的真正死因尚未出来，人们在等待官方宣布死因之前，他们也在寻找原因。现在出现了这则消息，人们就把原因归结到这里了。

《香港邮报》在消息披露的当天发布了一条专门的评论，李小龙死亡事件之中，为什么有人要撒谎？李小龙明明是在丁佩家里边出的事，但是却向媒体宣称，李小龙是在自己家里出的事，这当中有什么不可告人的秘密吗？这样做到底是出于何种目的呢？如果换个角度来考虑这个事情，撒这个谎就很好理解，李小龙是有家室的人，是一个有妇之夫，而且是当红巨星，他没有死在亲人身边，没有死在自己家里，也没有战死在沙场上，却死在一个女明星的家里。这个时候你就是长了一万张嘴也说不清楚，而且此事确实也不是很光彩的事情，一旦曝光可能会让李小龙的家人在陷入痛苦的同时陷入难堪。所以平心而论，这是一个善意的谎言，不但想保护李小龙，同时也想保护另一个人，那就是丁佩。

为了避免丑闻，李小龙的家人才向公众编出了李小龙死在家中这样一个谎言，但事实总会公之于众，李小龙和丁佩的绯闻一经公布，立刻引发了影迷们的不满，丁佩顺理成章地成为了众矢之的，可以想象，那时的她究竟要承受多大的压力！保持沉默，是最好的回答。但指责丁佩并不是终点，影迷们在谴责的同时，也把焦点转向了更深的层次。

人们关注的焦点在哪里呢，在于那天晚上李小龙在丁佩家里面究竟发生了一些什么事情？李小龙究竟因何而死？是什么原因导致李小龙一夜之间就突然离开，连抢救的机会都没有？由于李小龙那个时候演艺事业正如日中天，是非常有名的功夫巨星，所以在强大的舆论面前香港当局成立了一个专门的死因研讯法庭，专门为了调查取证，对李小龙的死亡进行研判，并且要做出官方的裁定。那么当年官方是如何判定李小龙的死因呢？请看下一讲：死因调查。

第二讲 死因调查

1973 年 7 月 20 日晚 11 时 30 分，一代当红功夫巨星李小龙，在香港伊丽莎白医院突然逝世，经过调查，香港记者首先从医院的救护车上打开缺口。李小龙是死在他的红颜知己，当红女星丁佩的家中，而且他是躺在丁佩床上离开人世的，那么那天晚上在丁佩家中，究竟发生了什么？李小龙究竟因何而死？事发之后，香港当局成立了死因研讯法庭，试图查清李小龙真正的死因。可李小龙是美国国籍，香港当局的这个举动合理吗？针对李小龙死因的研讯，到底能查出多少不为人知的秘密呢？

在香港的司法机构中，死因裁判法庭专门负责为若干类死亡个案而展开研讯，确定死因及肇事情况。主要包括以下几种：突然死亡、意外死亡、暴力死亡、在可疑情况下死亡以及尸体在香港发现或被运入香港。每当有人在这些情况中丧生，死因裁判官便可在陪审团参与的情况下开庭审讯。李小龙虽然是美国国籍，但是他的死亡地点在香港，所以他的死因研讯是可以列入香港法院管辖的。

为了查明真相，在 1973 年 9 月 3 日至 24 日，香港当局先后七天在荃湾的裁判署第二法庭进行了“李小龙死因研讯”。主审的法官叫董梓光，另外还有九名陪审员，一般情况下死因研讯的陪审员人数是五人，李小龙案陪审员增至九人，可见香港当局对这个事情是非常重视的。

死因研讯法庭的成立，大大激发了李小龙影迷对李小龙死因的关注，特别是李小龙和丁佩的绯闻被爆出后，更是引发了影迷们的愤怒。其实李小龙早已结婚，他的婚姻一开始是十分美满的，1964 年 24 岁的李小龙在西雅图，与自己的学生琳达相爱，并步入了婚姻的殿堂，婚后育有一子一女，也就是李国豪和李香凝，家庭美满幸福。但是在李小龙死在丁佩香闺中的消息被爆出后，丁佩突然间就成了各大媒体口诛笔伐的对象，此次的死因研讯，丁佩自然脱不了干系，那么在李小龙的死因调查中，是否能够找到他的真正死亡原因呢？

开庭之前，主审法官董梓光就向证人发出传票，出庭作证的证人大概有十来位，这里头就包括了李忠琛、邹文怀、丁佩还有丁佩的私人医生朱博怀，高级救护员彭德生，还有就是一些参与紧急救治的医生和警察局里面的法医。这些证人的证词法庭都有记录，这里涉及邹文怀和李忠琛，还有李妻琳达，他们三个人的证词，基本上可以确定李小龙不是自杀，因为这些天李小龙天天跟他们在一起，没有任何自杀的理由和迹象。事实上，武术和电影是李小龙的生命，《死亡游戏》这部影片还没拍完李小龙是不可能自杀的。所以研讯的焦点问题就落在了那天晚上李小龙在丁佩家里面到底发生了什么。在法庭上，丁佩的证词，再加上邹文怀的证词，还有记者从其他的渠道了解的一些材料，可以把李小龙在死亡那天，也就是 1973 年 7 月 20 日那天的活动以及死亡之后的情形勾勒出一个大致轮廓来。

1973 年 7 月 20 日，这天的下午一点钟李妻琳达要外出购物，她就跟李小龙吻别说要出去买东西。李小龙就说："我跟邹文怀有一个约会，我们要一起讨论《死亡游戏》，可能晚上就不回家吃晚饭了。"李小龙说的情况基本上是事实，只是他没有向妻子提到丁佩。到了大概下午两点钟的时候邹文怀来到了李小龙家里，两个人讨论了一会儿《死亡游戏》的剧本和大纲，然后一起离开。大概是四点钟来到了丁佩家里面。这是李小龙跟丁佩约好的，丁佩在《死亡游戏》里饰演了一个角色，他们三个人在讨论这场戏，约好了晚上到凯悦酒楼吃饭，同时还要与一名澳洲演员见面。所以在丁佩家里面三个人先讨论《死亡游戏》，大概谈了两个多钟头，到了七点左右李小龙突然感觉头痛、不舒服，丁佩就让李小龙服了一片止痛药，因为丁佩也经常头疼，家中常备止痛药，李小龙吃完之后就去房间里面休息了。休息之前，李小龙还跟邹文怀说，等一会儿在凯悦酒楼见面再来谈这个戏，就睡下了。

在丁佩家中李小龙曾感到一阵剧烈的头痛，他说："我快要死了，我感觉不好。"丁佩听后说有治头疼的药片，不管什么时候头痛吃了都管用。此时的丁佩和邹文怀，根本没有意识到李小龙的身体出了状况，他们心中的李小龙是钢筋铁骨，怎么会在健康方面出问题呢？但是让他俩没有想到的是，如日中天的李小龙这一睡就再也没有醒来。

大概到了八点钟的时候，邹文怀就去接那位澳洲演员吃饭，到凯悦酒楼等了半小时之后，丁佩再进卧房发现李小龙这个时候睡得很沉，所以不忍心叫醒他，于是就给邹文怀打电话，说李小龙这会儿睡得很好，就不去酒楼吃饭了，让他俩吃。大概到了九点的时候，李小龙还没醒，丁佩又给邹文怀打了一个电话。这样大概在九点四十五分邹文怀就来到了丁佩家里，李小龙还没醒，邹文怀就试着叫醒他，但李小龙没反应。然后邹文怀就推他，还拍了他的脸，都不管用，于是丁佩就给她的私人医生朱博怀打了个电话，请他过来看一看。

大概是十点过一点点，朱博怀医生就来到了丁佩的家里。朱博怀在法庭上是这么说的，他十点左右赶到了丁佩家里，对李小龙进行检查的时候发现李小龙侧卧着不省人事，对身体的推拍都没有反应，那个时候李小龙已经没有生命征象，实际上朱博怀认为李小龙这个时候已经死亡了，但是李小龙神态安详看上去没有被骚扰过，朱博怀说至少用了十分钟尝试着让李小龙恢复知觉，但是没有用，所以他就建议立即将李小龙转送到伊丽莎白医院。

朱博怀还谈到了曾经给丁佩开的止痛药，这种药跟阿司匹林属于同一类，但是比阿司匹林药效要强烈一些，阿司匹林是一种镇痛解热的常用药，丁佩用的这种药普通人服一片应当没有害处，李小龙当天也是服了一片，但是如果对那些有过敏反应的人来说可能是有害的。

按照朱博怀医生的建议，他们就给急救中心打电话，急救中心接到电话后大概十分钟左右就来了，过来的高级救护员叫彭德生，他在法庭上说他们救护车到达丁佩的寓所是晚上 10 点 37 分，检验的时候发现死者衣着整齐，已经陷入了昏迷状态，没有呼吸脉搏，当场为李小龙做了人工呼吸和给氧急救均无效，在送往医院的途中急救工作仍然在进行，但是仍然没有效，伊丽莎白医院急诊室里的医生说当晚十一点钟，他们检验发现李小龙无心跳、无呼吸、瞳孔扩大，对光不产生反应，理论上来讲那就是已经死亡的征象，随后医生仍然使用肾上腺激素给他做了一次心脏内注射急救，注射之后还是没有反应。

晚上 11 点 30 分，医院才正式签署了李小龙的死亡证明书。法医也证明，在检查丁佩寓所的时候没有发现打斗痕迹，也没有发现纠缠所遗留下来的痕迹，也没有发现有毒物品，李小龙的尸体上没有任何遭受过暴力的迹象，因此，法医认为没有李小龙是遭受谋杀而致死的证据，所以法庭对李小龙死因最初的裁定就是死因不明。

关于李小龙死亡之前的病兆，有目共睹的一例便是在 1973 年 5 月 10 日，这个时候正好是初夏，天气很闷热也很潮湿，在九龙郊外的嘉禾片场，李小龙和一些演职人员为《龙争虎斗》这个片子配音，录音室里配有冷气机，但是对口型配音的那天，因为冷气机发出的声音很嘈杂，为了把杂音去掉就没有用冷气机，整个房子的窗户为了隔音也都是密封的，所以整个录音室闷热得就像一个大蒸笼，每个人都大汗淋漓，头昏脑涨。这个时候李小龙也是精疲力竭，就离开了录音室，过了几分钟，大家就停下来等他回来录音。但是等了二十几分钟他还是没回来，大家觉得有些奇怪，就派人去找他，这个时候就有人发现，李小龙昏倒在浴室休息室地板上，去的人以为他中暑了，就把他摇醒，根据李小龙事后回忆，当时他并没有失去知觉，他可以听到声响，就是身不由己，被摇醒之后李小龙脸色苍白，恍恍惚惚地往录音室里面走，还没有走到他的岗位又摔倒了，这个时候李小龙属于大英雄，大英雄突然就这么倒下那是很失威严的一件事情。而且李小龙是近视眼，当时戴了眼镜，所以李小龙就假装掉了眼镜在地上摸索，但是马上就不省人事了。送到医院急救室的时候李小龙正在发高烧，之后就休克了，后来就发生了一连串的痉挛。李小龙醒来后的第一句话是，他感到自己非常接近死亡，当时为李小龙诊断的医生就怀疑李小龙可能患有脑水肿，提议给他做一次全面的检查，不过这个时候的李小龙，自我感觉还算良好就拒绝了。

原来病兆在两个月前便曾出现，那时的琳达以为丈夫李小龙只是因为工作繁重而引起地昏倒，认为多休息就能康复，但她却没想到，两个月后竟和丈夫阴阳相隔。正当大家都在对李小龙的诡异头疼迷惑时，一件让大家更为震惊的事情发生了，据给李小龙做尸检的法医称，在李小龙的体内发现了一种物质，而这种物质将李小龙的死亡原因引向了另一种可能。

根据法医最后提交的尸检报告，上面显示李小龙体内发现了大麻。那么作为一代功夫之王，李小龙怎么会吸食大麻呢？关于李小龙吸食大麻的原因，一方面可能是因为力不从心，只有通过吸食相当于是兴奋剂的大麻才能支撑他把工作搞好，另一方面的原因是因为他的焦虑与孤独，我们知道李小龙一向高调另类而且很自傲，他的脾气使他和同事、媒体关系并不是很和谐，经常出现焦虑，孤独感使他对大麻产生了一些依赖。

但是大麻是不是直接导致李小龙死亡的原因呢？那取决于大麻的含量，在尸体检验之后李小龙胃内的大麻大概是 0.5 毫克，小肠里边含有 0.4

毫克，总共也就 0.9 毫克，所以医生在法庭上作证时说，这个分量微乎其微，不可能置人于死地。负责解剖的其他医生也在法庭上说，李小龙的死不可能是由于大麻中毒导致的。

李小龙的死因检验包括论证经历了两个多月，在 1973 年 9 月 24 日上午，法庭最后作出终审裁定，主审的法官董梓光引导陪审员判案，阐述案情包括研讯的重点，然后再向陪审团逐一解释法律定义的七种死因。这七种死因如下：一、谋杀，也就是恶意及不合法杀人，对于这起案件来讲无须考虑此点，因为没有证据证明李小龙是被谋杀的；二、误杀，意思是不合法杀人而无恶意，死者显然没有受到这种伤害，此点亦无须考虑；三、合法杀人，这合法杀人，一般是讲依法执行职务或正当防卫之类的杀人，本案的死者系猝死，与此项无关，此案也无须考虑这种可能性；四、自杀，从李忠琛、邹文怀、琳达等人的供词来看，李小龙在死之前没有精神和行为上的异常，缺少自杀的动机和倾向，所以无须考虑死者是出于某种原因的自杀；五、自然死亡，在伊丽莎白医院验尸官解剖尸体的时候，他们试图找出自然死亡的因素，但是没有找到，包括其他一些教授医生综合判断，他们的意见是对这起案件来讲，自然死亡也难以成立；六、意外死亡或者死于非命，这两个情形是差不多的，只是死于非命比意外死亡更加不幸，这种可能性对本案来讲应当是最为可能的；七、死因不明，也就是所有的证供都无法指出死者的死因，而陪审员也不能从前边的六种可能性中挑选出一种，法庭对李小龙的死因最后的裁定是死于非命。

这就是人们翘首以盼的李小龙确切死因的最后结果，不疼不痒非常让人失望。

死于非命的死因判定公布后，立刻引发了李小龙影迷的强烈不满。他们始终认为，李小龙的死并不是死因研讯法庭公布的这样简单，这其中必有不可告人的隐情，如果影迷们的猜测是对的，香港当局为什么没有采取更深入的调查，反而给出了一个死于非命的模糊判定呢？

站在客观的立场上来看，香港官方的这一裁定并非完全不合理，这样可以把引发的争议尽可能降到最低。因为法院裁定下来的时候李小龙已经死亡两个多月了，其间香港警方采取了很多措施，开展侦查破案工作，但是这个案件里又没有收集到相应的证据和线索，香港当局自然不希望李小龙的死波及的范围越来越广，牵扯的人力越来越多，耗费大量的人力物力，到头来因为种种原因落得一个不了了之的结果，所以就给出了一个令人不能信服的结论。

不能服众的死因判定公布后，更加刺激了人们探寻李小龙真正死亡原因的神经，一时间，流言四起，众说纷纭，街头巷尾充斥着李小龙死因的各种版本。在这些流传的诸多死亡原因中，是否能够找到李小龙真正死因的答案？李小龙去世二十年后，其子李国豪竟然死在了当年李小龙设计的电影情节中，这惊人的巧合究竟在暗示着什么？请看下一讲：纠缠不放的死神。

第三讲　纠缠不放的死神

1973 年 7 月 20 日晚 11 时 30 分，一代当红功夫巨星李小龙在香港伊丽莎白医院突然逝世，在真正的死亡地点被爆出后，香港当局成立死因研讯法庭，专门对李小龙的死因展开调查。在两个多月后，却给出了李小龙是死于非命的死亡结论，这个结论一经公布立刻引发了李小龙影迷和其他对此关注的人们的不满。他们认为，李小龙的死并非如此简单。一时间，流言四起，众说纷纭，街头巷尾充斥着李小龙各种版本的死因。这些版本到底是什么，在这些流传的诸多死亡原因中是否能够找到李小龙真正死因的答案呢?

综合起来，关于李小龙的死因归结为以下几个方面，第一种就是练武伤身的说法。李小龙在死亡之前的半年里头经常使用一种高压电的肌肉纤维震荡机，这个震荡机就是把电线连接到自己的身上，一开机就开始震动肌肉，速度很快，效率也很高，他这样震十分钟就相当于平常人练十个小时，所以后期你看李小龙的肌肉，非常漂亮，力度也非常好。

这显然是一种强迫自己训练的方法。这里的原因是这样的，比如你用哑铃锻炼，你可以做一百下两百下身体就很疲倦了，你疲倦了就不会再去做了，相当于身体告诉你累了，你不能做了，你也做不动了，但是这个机器是用高压电来进行运动的，它不会让你停止，用久了之后它就把你身体疲惫的信号给打消了，破坏了你身体的整个平衡。

第二种说法是药物过敏说。医生说他可能患有脑肿瘤，在丁佩家里边头痛，丁佩就给了他一片止痛药，然后药物过敏引起了脑部水肿，从而导致李小龙的死亡。

李小龙因为服用了丁佩给他消除头疼的止疼片，而产生过敏导致死亡，这个说法准确吗？在医学上是否能立住脚呢？

通过法医的尸检报告，李小龙的脑重量达到1575克，而普通人正常情况下，都是1400克左右，所以这个医生就说李小龙的脑肿得像块海绵，认定他还有脑肿。所以很多医生认为李小龙是在患有脑肿胀的情况之下，服用了止痛药引起过敏然后导致猝然死去，但这一说法也让很多专家疑惑不解。因为直至目前，世界上还没有在脑肿胀时服用过止痛药过敏，然后导致死亡的先例。

第三种说法就是谋害说。早在美国的时候李小龙就不止一次受到暗杀的威胁，他回到香港的那几年正是香港的社会治安比较乱的时候，黑帮比较盛行，所以以李小龙的性格和功夫，很可能就成为了别人的眼中钉。但是大家都知道李小龙武功高强，明着打那是打不过的，所以只能想办法暗算他。有的说是某个气功大师发功搅了李小龙的气机，致使他练功的时候岔气了，越练功夫越严重，导致走火入魔而死亡。也有人说是某点穴高手利用跟李小龙比武的机会，趁机点了李小龙的要穴，刚开始没有什么反应，但功夫越练就越衰弱，穴道封死，最后导致死亡，但是这些说法拿不出确凿的证据，甚至连怀疑的线索都提供不了，所以不能令人信服。

随着岁月的流逝，李小龙的死亡慢慢淡出了人们的脑海，谁也没有想到二十年之后，匪夷所思的事情发生了，李小龙的儿子李国豪也同样莫名其妙死于非命。

李国豪于1965年2月1日出生在美国，他是李小龙的第一个孩子，他的诞生让李小龙非常骄傲。

李小龙妻子琳达在接受采访时说："李小龙非常想要孩子，所以我怀孕了他很高兴，作为华人，他认为孩子是他生命的延续，他非常想先有个儿子，所以李国豪出生后，他天天看着孩子，开心极了。”李小龙和李国豪的关系非常亲密，父子俩几乎形影不离，而年幼的李国豪也在不经意间，展露了自己在功夫方面的天分。

因为父亲是李小龙的原因使李国豪在成年之后顺利进入了好莱坞，二十岁的时候出演了电视剧《功夫圈》，这部片子令他一鸣惊人，1986 年又出演电影《龙在江湖》，在 1992 年的时候又主演了好莱坞的电影《龙霸天下》，获得了巨大成功。这让好莱坞的一些制片商对他刮目相看，他们认为李小龙所留下的空白，将由他儿子李国豪来填补，所有人都很看好李国豪。

在父亲的影响下，李国豪逐渐成为一颗影坛的功夫新星，他在电视采访中说道：“我很小的时候就决定，将来要拍电影，就像有点一根筋似的，压根没想过做别的事情。”可让人没想到的是，正当李国豪事业大有起色的时候，厄运再一次降临到这个家庭。

事情发生在 1993 年 4 月 1 日零点三十分，一部取名叫《乌鸦》的影片正在拍摄。这是李国豪从艺以来投资最大的一部电影，也是李国豪生前拍摄的最后一部电影，在这部电影里，李国豪扮演一位被毒品贩子杀害的摇滚歌手。为了复仇，他从阴曹地府归来，重返人间。

李国豪在一丝不苟地完成了导演要求的每一个高难度动作后，这个时候灾难从天而降，摄影机下的李国豪手里提着一袋食品，跟他演对手戏的演员叫迈克尔·麦西，站在二十英尺开外，手上拿着一把 0.44 英寸口径的道具枪。按照电影里面的情节，迈克尔对着李国豪开了一枪，枪声一响李国豪应声倒地，鲜血四溅，这个时候应该是拍枪战镜头，但是片场所有的人都一愣，后来就是震惊哗然，李国豪他中的是实弹，所以大家赶紧把李国豪送到了医院，十二小时之后宣告不治身亡。

这个消息传出来之后，全世界震惊，尤其是港台、美国和世界各地的华人社团，在传媒报道这个噩耗的时候，就开始追踪探讨李国豪真正的死亡原因。第二天医生在验尸之后，宣布李国豪是被一颗0.44英寸口径的手枪子弹击中的，所以最先的传闻就是谋杀。第一个犯罪嫌疑人理所当然的就是开枪的演员迈克尔。二十四小时之后谋杀说又被推翻了，因为迈克尔说是按剧情开枪的，他以为拿的这支枪里装的是空弹，空弹壳里面有火药，扣动扳机也可以冒出火花，也可以发出响声，但是没有弹头射出去，最关键的是迈克尔只管拍戏的时候扣动扳机，他并不管枪，枪是由道具总管交给他的。那么道具总管就自然成了第二犯罪嫌疑人，但是这个道具总管说只负责保管枪支，装弹药的是特技人员。警方马上调查第三个嫌疑犯特技人员，特技人员说装的是空弹，装完之后就交给了道具总管。所以这三个人都有作案的可能性，可能特技人员装的是实弹而不是空弹，道具总管没有检查就收下了，也可能是道具总管把枪里的空弹取出来换上了实弹，还有可能是迈克尔自己装上了实弹。谁也没料到会出事，所以自然也没有谁去监督，从装弹到开枪整个过程，有时候准备好的道具枪和子弹放几天才用，所以这三个人都有作案的可能性，但是都没有证据。

本该装有空弹的道具枪里面居然装有真子弹，在上膛之前竟然没有一个人对这一切进行检查，一连串的人为疏忽，导致了悲剧的发生，现场没有专业的枪械维护人员，没有枪械方面的常识，他们破坏了一个主要原则：他们用真弹药装道具枪。在电影拍摄现场，无论如何都不应该发生。

警方观看了李国豪中弹的毛片并且和枪械专家一起检验了枪支弹药，他们提出了一些设想，一种是枪里面确实装有实弹；另一种情况是枪膛里面原来就有一颗弹头，装枪的人和开枪的人都不知道，因为空弹壳里面有火药，这个推力也可以把这个弹头弹出去，近距离内还是有杀伤力的。所以如果是谋杀，仇人是片场的当事人目击者，还是隐藏在幕后的人，甚至有人说可能是其父李小龙的仇人。李国豪的死和他父亲李小龙的死亡惊人的相似，主要有这么几点：

第一，李小龙父子俩个性孤傲、高调、另类、容易与人结仇。李小龙的脾气很火爆，性子急，和报社、同事以及外界的关系都不是很和谐。而关于李国豪，警方和记者对他的品德和行为做了一些调查，少数人说他好相处，多数人认为他的脾气和他父亲一样傲，不是很容易相处，其实李国豪是一种自信和直爽，很多人对此就接受不了，所以有记者就分析李国豪还是有仇敌的。

第二，父子两个人都是死于非命，而且死得离奇。前面李小龙是死于非命，李国豪的死也是非常离奇。这个事情可能并没有那么复杂，我们可以通过倒查的方法获取一些线索，比方说弹头肯定是可以从李国豪身上找得到的，弹壳在现场也是找得到的，道具枪也是跑不掉的，通过武器专家对这些枪弹的痕迹进行检验，检测一下这个子弹的弹头弹壳是不是配套的，就可以判定这一枪击发的是真子弹还是空弹，检验一下枪膛的弹道擦痕或检测一下弹头的旋转系数就可以判断弹头是不是从枪口先塞进去的，确定一下李国豪和迈克尔的站位，通过检测子弹头射入李国豪身体的角度，就可以判断李国豪到底是不是真的死于迈克尔开的那一枪，或许杀手是躲藏在另一边利用消音手枪对李国豪进行的射击，这个总该有个说法，但是美国警方给出的结论还是死于非命，虽然这种事故发生意外的概率仅仅只有十万分之一，但还是给出了死于非命这种结论。

第三，死亡的情节很巧合，都是假戏真做。李小龙最后一部影片《死亡游戏》里边有一个情景，李小龙饰演的中国功夫巨星卢比利，对黑社会势力不屈服，黑社会就对卢比利展开暗杀。在卢比利拍片的片场，里面就有一个镜头，李小龙凌空跃起，就像我们在电影《精武门》里面最后看到陈真一跃而起，底下人就放出一排空枪的镜头，这时候有一名杀手化装成了一个临时演员，假戏真做，对着卢比利实施了真弹射击。这一幕正是李小龙亲手导演的，二十年之后这一幕又正好发生在他的儿子李国豪身上，李国豪也是在演戏的时候假戏真做，被道具手枪给打死了。

李小龙妻子琳达在接受采访中说："我以个人和公众的名义，号召电影制作公司，采取积极行动，采取各种安全防范措施，决不能让片场的一系列疏忽，再发生了，就是它害死了我的儿子。"28 岁的李国豪和 33 岁的李小龙，这对父子的生命是短暂的，但是他们的一生都在为弘扬中华民族精神和中国功夫而不断努力，从这个意义上说，无论生命如何短暂，他们做到了。

截至目前，我们仍然没有获悉有关李国豪死因的确切定论，人们对李小龙的死亡也仍然处于一种无限猜疑之中。但是不可否认的是，李小龙——一个与中国功夫同义的名字，他的早逝更使他的一生成为传奇，直到今天李小龙逝世了这么多年之后，全球还有两亿他的崇拜者。几十年都过去了，到底是什么让这些人记住了李小龙？是他的个性魅力，是他的功夫和电影，是他的传奇经历，还是关于他的离奇死亡？我想应当说，李小龙所有的一切，都因为他融入了一种很强的民族精神和民族气节，他想表现出中华民族是一个自强不息的民族，不屈不挠的民族，是可以与任何人对抗的民族。正是李小龙用他短暂的一生饰演的这些角色，征服了全球的亿万粉丝，同时赢得了全世界的关注和尊重。

辛普森“杀妻”案

这是一起震惊世界的凶杀案，嫌疑犯是美国著名橄榄球明星辛普森，曾经的辛普森不仅是美国职业橄榄球联盟的英雄，而且还集电影明星、主持人、形象代言人等多重光环于一身。事业如日中天的辛普森为何突然成了杀人嫌犯？这起看似简单明了的“明星杀人案”却又处处透着神秘，案件扑朔迷离，审判起伏跌宕，结果却又让人大跌眼镜。究竟辛普森是不是真凶？这起轰动一时的凶杀案背后又隐藏着怎样的玄机？

第一讲　案发

这是一起震惊世界的凶杀案，嫌疑犯是美国著名橄榄球明星辛普森，曾经的辛普森不仅是美国职业橄榄球联盟的英雄，而且还集电影明星、主持人、形象代言人等多重光环于一身。事业如日中天的辛普森为何突然成了杀人嫌犯？这起看似简单明了的“明星杀人案”却又处处透着神秘，案件扑朔迷离，审判起伏跌宕，结果却又让人大跌眼镜。究竟辛普森是不是真凶？这起轰动一时的凶杀案背后又隐藏着怎样的玄机？

辛普森“杀妻”案，其中“杀妻”这两个字打了引号，有两个原因。第一个原因，辛普森是涉嫌杀妻。所谓涉嫌，也就是说可能是辛普森干的，也可能不是；第二个原因，辛普森“杀妻”，这个“妻”是辛普森的前妻。所谓前妻，那就是以前的妻子，现在不是了。在 20 世纪末，辛普森“杀妻”案是美国最轰动的社会新闻。

1994 年 6 月 12 日，这是一个周末，美国洛杉矶市邦迪街，这是一条由北向南的大街。一般来讲，到了晚上十点钟之后，没什么车，也很少有行人，偶尔有一两个附近的居民仍在路上散步、锻炼身体。这天晚上大概 10 时 15 分左右，突然一阵凄厉的狗叫声划破了深夜的宁静，一条狗出现在邦迪街 875 号，那是一座豪宅。这只狗跑来跑去，“汪汪”地乱喊乱叫，狗爪子上沾满血迹。因为当时深夜也没什么人，这条狗大概叫了半个多小时，后来一对散步的老年夫妇，听到狗叫，就感觉不对劲，他们就走过来，跟着这条狗到了邦迪街 875 号。

这是一个大院子，院子门半开着，这对夫妇一看，浑身冒冷汗。院子里满地是血，从院子门进去，一具尸体血肉模糊，脖子几乎快断掉了。离这具尸体不远的地方，又有一具尸体，这具尸体也是鲜血淋漓。这下把这对老年夫妇吓坏了，“哇哇”地乱喊乱叫，到处跑，却不知道往哪跑。因为他们出来散步没带电话，想报警没办法。跑到这个院子的隔壁邻居家狂敲门。这一下就把邻居给吓坏了，三更半夜的这么敲门，还以为是抢劫的，赶紧打了“911”报警。

警察来了之后，发现是一宗凶杀案，立即给重案处打电话。重案处最先到场的是一个白人刑警，他叫福尔曼，这个福尔曼在这起案件中非常关键。后来陆续来了刑警，开展勘查现场，调查、侦查破案。

警方人员在勘查现场收集证据后，就在等待尸体的身份确认，只有死者的身份确认了才能进行有针对性的侦查，所有人都以为这只是一起普通的凶杀案，或是仇杀或是抢劫，可是当死者的身份公布后，大家才意识到，大事件来临了。

这两具尸体，一个女的，一个是男的。

这个女的是谁呢？她叫妮可，35 岁，是一个白人，为什么要强调她是个白人呢？因为她曾经是一个黑人的老婆。在美国，黑白配，这份爱是需要勇气的。那么这个黑人是谁呢？他就是美国大名鼎鼎的橄榄球明星辛普森。辛普森是什么人物？这里简单地介绍一下。

1947 年，辛普森出生在旧金山市一个贫困的黑人家庭。1967 年，辛普森 20 岁，他在南加州大学上学，并且已经和一个 18 岁的黑人姑娘结婚了。同年，他成为南加州大学橄榄球队的队长，并且带领这支队伍获得这个领域的最高荣誉奖——海斯曼奖。这个时候，辛普森可谓是爱情事业双丰收。随后，辛普森就加入了美国职业橄榄球队联盟。1985 年，辛普森被选为美国职业橄榄球荣誉榜的年度风云人物，从此之后他成为美国身价最高的运动员之一。此时辛普森又是一个双丰收：名气和利益的双丰收。成名之后，他开始涉足影视传媒业，拍广告、拍电影、当主持人、当形象代言人，挣了不少钱，也俘获了不少“粉丝”。

俗话说，英雄难过美人关。1977年，辛普森在一家意大利餐厅就餐，邂逅了妮可。当时的妮可年方二八，如花似玉，是一所中学的校花，她在这个餐厅兼职。这时候黑人英雄和这名白人美女一见钟情，开始了爱情长跑，但是是“婚外情”长跑，因为当时辛普森还没离婚，后来辛普森才跟他的黑人老婆离婚。

1985年辛普森与妮可结束了爱情长跑，喜结连理。就像我们的童话故事里经常说的一句话：王子和公主幸福地生活在了一起。可是，在传统的悲剧故事里，我们也经常用到一个词——好景不长。辛普森和妮可结婚以后，妮可慢慢地怀疑辛普森在外面包“二奶”。而辛普森也怀疑妮可在外边养“小白脸”，这样两个人就互相怀疑，矛盾开始慢慢升级，最后就开始打架了。很显然，妮可肯定打不过辛普森，所以妮可经常打报警电话，指控辛普森殴打她。1992年，辛普森第二次离婚——他和妮可离婚了。离婚之后，妮可开始正大光明地和其他男人约会，这一点辛普森看在眼里，气在心里，他很嫉妒。1993年，人们发现辛普森经常跟一个女人约会，这个女人是谁呢？就是妮可。辛普森跟他的前妻谈恋爱，这就有点搞笑了。

那么，辛普森的名人效应、黑人白人通婚、跟前妻谈恋爱，这三个因素已经足够吸引公众和媒体的眼球了。

由于辛普森的知名度，妮可也渐渐成为了人们关注的焦点。她和辛普森之间的是是非非总是成为人们茶余饭后的谈资，以至于妮可被杀的消息轰动了全国，举国上下的目光全都集中于此，由于妮可特殊的身份，人们不免联想到了红极一时的辛普森，他与妮可之间的恩恩怨怨会与这起凶杀案有关吗？

辛普森前妻妮可被杀的消息一经公开，举国上下一片沸腾，大家关注的焦点在于死在妮可身边的那个男人究竟是谁？一男一女两具尸体，这不免让人浮想联翩，鉴于妮可生前与辛普森的种种纠葛，这个男人的身份就更为重要了。

因为现场死了两个人，在妮可的尸体旁边，还有一具尸体，是个男人，而且是个高大英俊的男人，这个男人是谁呢？他叫戈德曼，25岁。那么这个戈德曼是怎么掺和进来的，他怎么到这儿来的？这里有一些细节，后边会详细介绍。

说了这么些，大家一听就明白：辛普森，名人；前妻，漂亮。结果，前妻跟另一个男人死在一起了，确实轰动。这个案子，有看点，有轰动的资本！不过，这起案件最关键的轰动因素，恐怕还不是先前说的那几个方面，最关键的因素在哪里呢？在于警方后来公布的一个重磅信息：犯罪嫌疑人是辛普森！

这一下，美国公众就像炸开了锅。辛普森杀了他前妻吗？在案发的当天晚上，警察就找到了辛普森家里，但是辛普森不在，去哪了呢？辛普森坐飞机到了芝加哥。后来警方想方设法跟辛普森联系上了，叫他回来到警察局来一趟。洛杉矶警察局怀疑辛普森，但是到底还是顾及辛普森的威望和名气，他们没有派几个警察连夜坐飞机到芝加哥把辛普森给押回来，而且还允许辛普森参加妮可的葬礼，让他参加完葬礼以后到警察局来。没有想到，警方的这一例外宽容，让这起案件又生出了一个戏剧性的情节。什么情节呢？辛普森跑了！

妮可的葬礼结束以后，辛普森就消失了。警察不知道他跑到哪里去了，在辛普森家里警察搜到了一封信，辛普森留下来的一封信。在信里，辛普森开门见山地说：“妮可不是我杀的，我很爱妮可，我不会做这样的事情。”在这封信的结尾，他说：“感谢我的父母，感谢我的朋友，感谢我的粉丝。请不要为我难过，希望你们记住以前的辛普森，而不是现在的迷途羔羊。”警方的心理医生看了这封信后摇了摇头，说：“我们最担心的事情很可能就要发生了。”

前妻妮可的葬礼后辛普森突然消失，这到底是什么原因？难道妮可的死真的与他有关？他留下的那一封信究竟是什么意思？信中的一连串感谢，和所谓的“迷途羔羊”到底在暗示着什么？警方的心理医生所说的最担心的事情又是在指什么呢？

辛普森的消失让整个洛杉矶警方陷入了被动，但辛普森的这个举动更加坚定了警方的判断，妮可的死与辛普森有关，不然辛普森不会突然消失而不来警察局接受调查，于是，追捕辛普森，便成了当前的首要问题。

辛普森跑到哪里去了呢？警方到处追查，但是找不到人。后来警方派了几架直升机，在整个洛杉矶进行搜索。美国的几家新闻机构，特别是几家大型的新闻机构，他们也派出了几架直升飞机跟踪报道，找了五个小时却没找到人。警方最后动用了定位仪，终于在高速公路上发现了辛普森的车。然后警方立刻派出十几辆警车进行追捕。当时美国正在举办一场篮球比赛，非常激烈，电视在直播，突然电视节目被掐了，直接把追捕辛普森的场面切换进来。那个场面是相当宏大的：辛普森的白色越野车在前面开，后边是十几辆车排成作战队形，保持着警戒距离跟在后边，天上的十几架飞机排成方阵，这种场面千年难遇。电视还现场直播了一些心理学家的分析：辛普森可能持枪，可能会自杀，还可能持枪拒捕。还有美国很多辛普森的“粉丝”，他们直接赶到现场。现场的立交桥上、公路两边的建筑物上，站满了他的粉丝。有的人喊：“辛普森，快跑！”还有人喊：“辛普森，我爱你！”还有人哭着喊：“辛普森，我的妈妈也爱你！”非常热闹。这个时候辛普森在干什么呢？他坐在他的车的后排，拿着手枪对着自己的脑袋，他的朋友凯林在前边一边开车，一边劝说他，叫他不要干傻事。

后来，凯林通过车载电话和警方联系上了。警方派出的谈判专家，和辛普森直接通话。谈判专家说:“事情恐怕没有你想象的那么复杂……再说，你死都不怕了，还有什么好怕的。”“我们认为，你可以先见一下父母和孩子再做打算。”或许是这些话打动了他。后来，在辛普森的默许之下，凯林把车停在了路边，辛普森束手归案。

讲到这里，大家可能都认为这是一个短暂的新闻，最后肯定是警方按照程序起诉辛普森。可是谁也没有想到，这一切，才只是故事的开始。

因为辛普森虽然束手归案了，但是他绝对没有投降。他已经请好了一个庞大的律师团，这个律师团叫“梦幻律师团”，号称天下无敌，全美闻名。我们给大家介绍一下这个团队的骨干成员“八大金刚”。首先出场的是梦幻律师团的团长、美国最著名的律师之一萨皮罗律师，他曾经担任过好莱坞影星马龙·白兰度的律师；第二位出场的是著名黑人律师柯克伦，这个人也是一个很厉害的角色，他曾经帮助迈克尔·杰克逊打过官司；第三位是著名的贝利律师，他被誉为美国刑事案件中最强的盘诘高手之一，盘诘就是提问，他会提问；第四位是舍克律师，这个人最擅长使用DNA证据，他被人们称为DNA证据之王；第五位律师是贝登博士，他是一个法医专家，曾经在肯尼迪总统被刺案中担任首席法医；第六位是乌尔曼律师，这个乌尔曼律师是美国加州大学法学院的院长，为什么要请这个人呢？因为辛普森这个案子的管辖是加州，美国各州的法律不一样，乌尔曼律师对加州的法律非常专业，而且乌尔曼律师曾经在美国的五角大楼泄密案里担任过律师；第七个律师是美国哈佛大学法学院德肖维茨教授，这个人也很厉害，他是属于上诉型的律师，曾经帮助拳王泰森打过官司。最后辛普森还请来了一个人，是一位华人，可能大家知道他，李昌钰博士。当时是美国康州警政厅刑事化验室主任，李博士以他精湛、独特的刑事侦破技术闻名全球，在全球的警界非常有名气，有“当代福尔摩斯”的美誉。请了这么多的名人，有人就会问，这得花多少钱啊！还有，辛普森后来花了重金50万美元，干什么呢？收集线索，关于是谁杀了他前妻，收集线索。还没完，他又花重金聘请了美国最著名的私人侦探调查是谁杀的妮可。据专家盘算，这个排场要保持它正常运行，至少需要600万美元。这个水准不是一般人消费得起的。

那么现在要搞清楚的是，洛杉矶警方为什么认定辛普森有重大的作案嫌疑？证据在哪里？辛普森到底是不是这起案件的凶手，请看下一讲：带血的证据。

第二讲　带血的证据

1994年，美国前著名橄榄球明星辛普森因涉嫌杀害“前妻”，被法院逮捕，可辛普森却矢口否认，但警方却在他的家中发现了决定案件走向的关键证据，这关键证据究竟是什么，有了这些证据是不是就能够认定辛普森就是杀害前妻妮可的凶手呢？

美国前著名橄榄球明星辛普森的“前妻”妮可，与另一男子戈德曼惨死在家中，由于妮可和辛普森之前的种种恩怨，警方着手对辛普森进行调查，但辛普森却在参加前妻妮可的葬礼后，突然失踪，洛杉矶警方几经部署，终于在高速公路上将辛普森带回警察局，但此时的辛普森早已有所准备，花费巨资，网罗各路精英组建了一个豪华律师团。那么这个实力雄厚的辩方团队会起到怎样的作用？即将到来的审判又会上演怎样的激烈交锋？

辩方准备得如此充分，作为控方，检察院当然也不敢大意，他们也挑选了精兵强将进行对阵。主持起诉的是洛杉矶市检察院的副检察长克拉克，她是一名女检察官。她曾经起诉的20起影响很大的杀人重罪案件从来没有失败过，所以号称“常胜女将”。此外，洛杉矶市检察长坐镇指挥。他先后调集了50多名经验丰富的检察官以及刑事律师参加这起案件，商讨起诉工作。美国联邦调查局、洛杉矶以及芝加哥警方，总共派出了几百名刑警和刑事检验人员，参与破案和现场勘查。所以这个阵势也是很有实力的。先前我们说辛普森的“梦幻律师团”耗资600万美元，那么检方这边花了多少呢？ 800多万美元！

检方为了应对辛普森的案件竟然耗资800万美元，这比辛普森聘请的豪华律师团整整高出了200万美元，“明星杀人案”也不过是一起凶杀案，辩方和检方如此大动干戈到底是为什么？是不是哪方投入得多，就会在法庭的交锋中取得先机？这场举世瞩目的庭审又会是怎样的呢？

当然，并不是说控辩双方谁花的钱多，谁的地位就高。事实上，在美国，控辩双方地位是对等的，不管被告犯了什么严重的罪，也不管检察官获得的是多么可靠的证据，在法庭宣判之前，对被告来讲，必须“假定无罪”。所以，这种无罪假定制度是美国司法中一个很重要的元素。有了这一条，检方和辩方律师的地位在道义上是平等的。如果没有“无罪假定”，那么作为被告人的辩护律师会被人指责：“你是为有罪的人在辩护，那你也不是什么好鸟！”所以作为辩方律师来讲，气势一出场就会矮了半截，这样对辩方是不利的。

好了，现在是控辩双方都严阵以待。但是还不能开庭，因为还没有法官。法官是控辩双方共同选择的，这一起案件，法官也不好选。因为辛普森是黑人，所以控辩双方在选择法官的时候争议非常大。如果选一个白人法官，那辩方可能会有异议：辛普森是黑人，请一个白人法官，可能会有种族歧视；反过来如果请个黑人法官的话，控方也不乐意：辛普森是黑人，法官也是黑人，那可能会“吹黑哨”。所以争执不下。最后他们选了一个日本人，他是日裔美籍法官，叫伊藤，他很公正，在美国以此闻名。怎么说呢？伊藤法官的妻子就是洛杉矶警察局的警官，而且正好是承办辛普森这个案子的。按正常情况，肯定要回避，但是作为非常挑剔的梦幻律师团，他们居然接受了。从这一点我们可以看到，这个日裔法官伊藤的声誉好到了什么程度可想而知。

但是作为辩方律师团，是不是把所有的信任都寄托在伊藤法官身上呢？也不见得。因为作为法官在法庭上也并不是掌握被告生杀大权的人。为什么这么说呢？法官只需要把握法庭审判程序，就相当于是一个游戏规则，你掌握就够了。至于真正掌握被告命运的人，是谁呢？陪审团！因为陪审团是代表老百姓的。陪审团每一个成员，也就是陪审员，对他们的选择是非常严格、苛刻的。他需要经过三方同意，也就是控方、辩方和法官三方同意，才可以成为陪审员。

辛普森这起案件曾经有一个女候选陪审员，她在家里经常被老公殴打，后来法庭就把这个人否决了，不让她做陪审员。为什么呢？想必大家知道，先前说了，辛普森也有殴打老婆的习惯。如果这个经常被老公打的女人做了陪审员的话，可能会公报私仇，她的裁决就不会公正了。像这样的人，就不能作为陪审员。所以这个案子，刚开始是 304 个候选人，整整挑选了 2 个月，最后确定了 12 名陪审员，然后再确定了 12 名替补人员。因为一旦这个案子审理时间足够长的话，那么这 12 名陪审员中可能有几个会有事，就得需要替补来补上。

控方、辩方、法官、陪审团四方就位，一场由凶杀案引起的法庭博弈就要开始了，全美国的目光全部集中在了这次审判上，大家都想知道辛普森是否就是杀人的真凶，而辛普森靠巨资组建的豪华律师团究竟能在这次审判中迸发出多大的能量呢？

全国瞩目的辛普森“杀妻”案的庭审即将拉开序幕，这次庭审牵动着很多人的心，但就在庭审之前，一件让法官犯难的事情突然发生了，这件事的发生也似乎预示着，这次的审判充满了曲折与悬念，那么在开庭前就出现的这个大麻烦究竟是什么呢？

在开庭之前，还有一个程序，叫审前听证，也叫预审。在预审阶段，有三方参加。控方、辩方和法官，陪审员是不参加的，这个时候被告首先要表态，认罪还是不认罪。如果认罪的话，那好办，你还可以跟法官讨价还价，可以降低一下你的刑罚。辛普森是不会认罪的。花了那么多钱，聘请了强大的律师团，所以他不认罪。这个时候，检方就必须把证据先拿出来让法官看一看，检察官摆出了很多证据，对法官说："法官大人，案发之后我们在辛普森的家里边找到了很多证据。"

但是面对这些证据，法官却十分为难，因为针对这些证据的合法性他必须做出一个判断。在美国的司法审判中，只有合法取得的证据才能作为呈堂证供。否则，就会失去法律效力。那么这次审判中，检方提供的证据究竟是什么？在案发之后短短的时间内，这些证据又是怎样取得的呢？

咱们得先回到案发现场。案件发生之后，洛杉矶警方要找到的第一个人就是辛普森。在案发现场，洛杉矶警察局长说："赶紧派几个人到辛普森家里去。"这个时候，先前说的那个白人刑警福尔曼，他自告奋勇，说："我去！因为以前辛普森打他老婆的时候报过警，是我去调解的，我知道地址。"所以福尔曼和其他的三个刑警，就来到了辛普森的家里。辛普森家离现场并不是很远。

当时是6月13日凌晨5点，四个人来到辛普森的豪宅，外边也是一个院子，福尔曼按门铃，没人应答。这个时候，福尔曼就独自一个人绕着这个豪宅转了一圈，他发现这个院子的后门停了一辆白色的越野车，他马上把这辆车的车牌报往警察局一查，是辛普森的车！福尔曼再仔细一观察，他发现这辆白色越野车驾驶室的门上有血迹。福尔曼立刻把那三名刑警叫过来，这三个刑警一看，大惊失色。因为这个时候他们想到了，屋子里面的人会有生命危险，所以他们决定进去。这个时候又是福尔曼一马当先翻墙进去了，翻进去把门打开，把三个刑警一起放进来。然后这四名刑警一起直奔辛普森的豪宅。再按门铃，还是没人应。然后他们四个人围着辛普森的住宅绕了一圈。

他们发现在这个住宅的侧后方有三间客房，于是他们就敲开了第一间客房。这里头住着一个白人，他说他是辛普森的好友，凯林。这个凯林还没睡醒，揉着双眼，他说不知道辛普森去哪了，但是辛普森的女儿就住在隔壁。这个女儿是辛普森和第一任黑人妻子生的大女儿，就住在隔壁房间。这样的话那三名刑警就来到隔壁房间，福尔曼留在凯林的房间。这三名刑警就听辛普森女儿说，父亲昨天晚上坐飞机去了芝加哥。因为事先是安排好的，那边有一场高尔夫球赛。然后三名刑警就通过辛普森的女儿联系上了辛普森，跟辛普森说，你的前妻妮可被杀了。辛普森非常惊讶，他说好，我马上赶回来。这边，刑警和凯林在谈，问凯林，昨晚上 10 点钟之后，你有没有发现一些异常的现象？凯林就说，大概是 10 时 40 分左右，他这个客房背后轰的一响，墙壁上的挂历都晃来晃去的。当时凯林正在接一个电话，他以为是轻微地震就没太在意。这个时候福尔曼疑心大起，他马上绕到房子背后。大约 18 分钟后，福尔曼把其他的三名刑警又喊过来，他说我在这个空调机下面发现了一只血手套，这只血手套是右手，现场也有一只血手套，是左手的。这两只手套是同一副手套。几名警察对周围进行了察看，没有发现任何痕迹，也没有发现其他的血迹。这说明什么问题呢？福尔曼认为凶犯可能是晚上经过这里的时候，因为周围黑漆漆的看不见撞上去了，手套掉下来了。后来这四名刑警通过辛普森的女儿进入了辛普森的住宅里边，然后福尔曼又独自上了二楼，他在二楼又发现了一样东西，什么东西呢？血袜子。他马上又把其他三名刑警喊过来，这只血袜子有个怪现象。袜子是双层的，袜子一侧的血迹和袜子另一侧的血迹图案是一模一样的。

警方本想通知辛普森前妻妮可的死讯，却无意间在其家中发现了至关重要的证据，犯罪现场的另一只手套，沾有血迹的袜子，还有越野车驾驶室门上的血迹，这一切的证据全部指向了辛普森，难道辛普森真的就是杀害妮可的凶犯吗？

在预审的现场，警方出示了案发后第一时间在辛普森家中找到的证据，现场的局势顿时变成了一边倒，所有人都认为辛普森就是杀人凶手，证据确凿，不可抵赖，面对这样不利的局面，辛普森的律师团队又会做出怎样的应对呢？

辩方律师马上反驳说，你们这些证据都是不合法的证据。为什么这么说呢？西方有句谚语："私宅是一个城堡，风可进，雨可进，国王不能进。"这是什么意思呢？美国宪法修正案保护人民的财产不受侵犯。警务人员如果从事搜查或者取证工作，必须经过法官的准许，之前还得宣誓。通过法官准许，而且办理搜捕证之后你才能进行工作。那么，有人就问了，如果警察在办案的过程中，没有经过这些程序，但是又找到了非常重要的证据，甚至可以直接破案，这种情况怎么办？在美国像这种情况，对警察纪律处分；对证据，全部作废；对被告，无罪释放。哪怕是你找到了如山的铁证，如果没有按照这个程序来，这些证据全部作废。所以，在美国的司法判例中，所有的辩护律师开庭的时候第一件事情，就是挑刑警的毛病，找你的问题！

在辛普森案件中，"梦幻律师团"也是这么干的，他们挑毛病，他们质问警方，他们说妮可是死在自家的门口，你们为什么到辛普森家里去，你们先怀疑他有罪是不是？

警察就解释，当时案发之后，我们要把情况及妮可的死讯通知辛普森。那边辩方律师就问，你们通知家属死讯这项工作都是要翻墙通知的吗？警察继续解释了，当时情况非常紧急，我们在车上发现了血迹，一般情况我们是不翻墙的。就是因为出现了紧急情况，我们怕里边出事，所以就进去了。辩方不依不饶，他说如果真是情况紧急的话，那你们就应该有一些程序，取出佩枪，互相掩护，有一些警戒性的动作，但是你们没有这个记录，所以你们就是先入为主，你们就是怀疑辛普森，而且你们在搜集证据的时候没有申请搜捕令。

最后警察一口咬定，说：“我们的行为是合法的。第一，我们在案发之后去辛普森的家里，主要是通知辛普森。而且辛普森作为死者妮可以前的亲属，我们有理由相信辛普森也可能处于危险之中，所以我们这个时候才去了辛普森家，而不是因为怀疑他去的。第二，我们是遇到了紧急情况，车上有血迹，按门铃没人应答，所以我们才翻墙进去的。第三，我们警方最后取证还是获得了法官的口头授权的。”他们把法官喊过来证实，确实有口头授权，而且还发过誓。所以警方的取证行为是合法的。

检方声称自己的证据取得合法，可以采信。而辩方则强调，这些证据的来源不合法，不能呈堂。面对争执不下的控辩双方，伊藤法官又会怎样判断呢？如果支持检方观点，则辛普森被判有罪几乎就要板上钉钉。可如果支持辩方观点，那会不会就此放走一名杀人凶手呢？此时的法官陷入了左右为难的境地。那么这场预审围绕着证据合法性的激烈交锋又会以哪方的胜利而告终呢？

因为此时此刻这个裁定对控辩双方影响非常大，法官要很谨慎。一方面，要有法律依据；另一方面，必须要公正，因为这个事如果搞不好，留下了小辫子，会引火烧身。曾经有一个女法官，她就是因为留下了小辫子，后来案子重审，这个女法官坐上了被告席。那么，面对控辩双方的理由，伊藤法官最后将会如何决断呢？警方在辛普森家里搜到的证据到底合不合法？最后能不能呈堂？请看下一讲：指控。

第三讲　指控

三大证据直指辛普森，非法程序取得的证据能不能作为指控辛普森的呈堂证供，手套、袜子、车门上的血迹全部和辛普森有关，难道辛普森就是杀人的真凶？面对诸多不利局面，辛普森和他的豪华律师团又会做出怎样的应对？

1994 年 6 月 12 日深夜，在美国洛杉矶市邦迪街的一幢住宅前，一女一男倒在血泊中。后经警方调查，男女均已死亡，并且男子身中多达三十多刀。而更令警方吃惊的是，女性死者不是别人，正是美国家喻户晓的橄榄球明星辛普森的前妻妮可。经过初步调查，警方逐渐将犯罪嫌疑锁定在辛普森身上，在经过了一场轰动全美的世纪大追捕后，终于将他逮捕归案，而一场历时一年半，耗费数百万美元的诉讼案也就此拉开了序幕。在警方出示了在辛普森家中找到的血手套，沾有血迹的袜子，还有越野车驾驶室门上的血迹后，辛普森陷入了被动，但辛普森的豪华律师团以警方擅自闯入取得的证据不合法为由，提出了反驳，那么，法官伊藤会认定证据合法还是无效？辛普森涉嫌“杀妻”案件的审判过程又是怎样的呢？

前边讲到辛普森这起案件的四大要素：控方、辩方、法官和陪审团。控方提出了很多证据，辩方就提出了反驳：你们这些证据不合法。那么法官伊藤会怎么认定呢？这里我们先反过来看一看，如果这些证据不合法，会是什么样的后果？后果非常严重！如果说警察进入辛普森家里收集的证据不合法的话，那么家里面的手套、袜子这些东西陪审团都不知道，陪审团不知道有这些东西，这是为什么呢？这里涉及美国陪审团制度的一些内容，给大家做一个简单的讲解。美国的陪审团选定了之后，有可能是要被隔离的。一般情况下，一般的案件，审案的中途，陪审员晚上还可以回家，但是如果是一些很有影响的案件，或者说有可能造成死刑的案件，那么这些陪审员就必须隔离，不让回家。不仅仅是回家，哪怕是上街买张报纸、买根烟抽，也会有司法警察跟着你。为什么要这样呢？因为一些有影响的案件，审理的过程中报纸上是有评论的，外面的各界人士是会议论纷纷的，如果陪审员接触了外面的这些信息，就有可能影响自己对案件的判断。所以作为法庭来讲，只希望陪审员看到合法的、上了庭的证据，只有这样，陪审员做出的裁决，才是从证据立足，才是比较公正的。

真正的庭审还没有开始，双方的交锋就已经发展到白热化，如果警察进入辛普森家中取得证据，这个程序不合法的话，那么这些证据就不能呈堂，再有力的证据也不会在庭审中出现，哪怕血手套、血袜子真的能够直接证明凶手就是辛普森，面对这种局面，伊藤法官将会做出怎样的决定呢?

那么，对于这些证据，伊藤法官最后是怎么认定的呢？最后伊藤法官认定这些证据是合法的，是可以呈堂的。他说警察的行动确有不妥之处，但是警方收集的证据是依据法官的口头授权，所以这些证据是合法的。这个裁定的内容是："本庭决断的关键问题在于无证进入洛金汉街辛普森的住宅，以及发现若干物证，在某些紧急场合应否视为合法，这堪称法律上的一处灰色领域。我的意思是指，尚无任何定则表明所谓紧急场合存在于何时何地，以及它于何时无法成立，它只能依据案件的基本要件，针对案件个例予以决定。鉴于预审时实际提出的证据，起诉方及被告方均已提出诸多案例。本庭已对这些案例予以考虑。……有鉴于此，本庭否决辩方的扣留申请，允许其以所发现的手套作为证据，允许车门上的血迹作为证据，也允许街上野马车的血迹作为证据。”这个裁决让辩方的律师团非常失望，因为这样一来开局不利。

先前讲过，当警方宣布辛普森为重大嫌疑人的时候，很多人认为辛普森没救了，因为现场发现了血手套、血袜子、血迹。案子发生以后，这些证据全部发现于辛普森的家里，而且经过检测。比方说带血的手套、带血的袜子，案件刚刚发生之后，就在辛普森家里面找到了，关键的是，连汽车上的血迹，经过鉴定是三个人的。哪三个人呢？妮可的、戈德曼的，还有辛普森的，你说辛普森是不是没救了。

血手套、血袜子、车门上的血迹不仅被认定能够作为证据，而且经检验这些证据上面的血迹分别是辛普森和两名死者的，检验结果的公布引起了轩然大波，凭借这些证据，辛普森作为杀人凶手似乎已经是不争的事实了，那么案件真相果真如此吗？他花费数百万美元聘请的梦幻律师团，面对这种情况又该怎样应对呢？

在美国，人们对律师是非常信任的，更何况辛普森花了600万美元，那律师肯定是要起作用的，主要就是挑毛病。这个过程中，我们前面讲了辩方律师挑了一些毛病，但是作为检方来讲，都可以说得过去。比如说警察到辛普森家里去，警察翻墙入院，被法官认定为紧急情况。警察后来收集到了证据，也确确实实是有过法官的口头授权，没什么问题。那么辩方真的就没有漏洞可钻吗？我们一起回过头来看一看，这里头还是有些让人不可思议的地方。比如说我们说到的那个白人刑警福尔曼，提出到辛普森家里去，他是自告奋勇的，翻墙进去他也是一马当先，后来找到的血手套、血袜子是他独自找到的，车上的血迹也是他先发现的。

犯罪现场的另一只手套，沾有血迹的袜子，还有越野车驾驶室门上的血迹，三项证据竟然全部由一个人发现，这看似顺理成章的取证却又让人略感疑惑，是巧合，还是警官福尔曼真的有不可告人的秘密？这只是律师团队的猜想，那么在即将开始的庭审现场，又会出现怎么样的情况呢？

这些证据呈上法庭之后，辛普森的案件才算真正意义上开始了。开庭审理，第一步，被告上庭表态，认罪还是不认罪。一般来讲，被告都是简单地说罪名成立或者罪名不成立。辛普森就是和别人不一样。他一上来就底气十足、甚至看上去非常夸张地说：“罪名百分之一百、绝对不成立。”面对检方如此强硬的证据，辛普森的回答为什么如此惊人？辛普森有他的理由，什么理由呢？他要争取“印象分”！这是什么意思呢？解释一下：在法庭上，坐在上方穿着大袍子的是法官，法官的下边并列两队人马，一队是检方的律师团，另一队是被告和辩方律师。他们的座位没有主次先后，因为他们的地位是平等的。另外，在这两队人的后边是旁听席，旁听席在最后边。法官的左手边是证人席。在法庭上某一个角落或者某个墙根，坐着一排人，这排人从不开口说话，而且摄像机的镜头也从不扫向他们。这群人很低调，他们是什么人呢？他们就是法庭上掌握被告生杀大权的陪审团。真正决定被告命运的就是这群人。那么辛普森作为被告，他一上台就强烈地希望能够给陪审团一个好的印象，获得较高的“印象分”，所以他就用那种比较肯定的语气表达了自己跟这个案件无关。与印象分相类似的还有一个叫“形象分”。在美国，可能平时大家穿衣服都比较随便，但是某个人一旦哪一天成为了被告，那么就有可能立马跑到商场买套西装打好领带，穿得漂漂亮亮的，坐在被告席上，为什么呢？就是给陪审员看的。因为美国政府并没有规定作为被告要穿着囚服，戴着手铐坐在被告席上，这就给了被告机会，让被告把自己最正人君子的一面，即最正面的形象展示给陪审员看，让陪审员产生一种良好的感觉。所以辛普森先入为主，为自己开了一个好头。

面对指控，辛普森矢口否认，处心积虑设法博得好印象，可是铁证就在眼前，他这么做能起到多大的作用呢？他斩钉截铁地拒绝承认犯罪的背后，是真有能证明他的清白的证据吗？还是律师团故布疑阵，事先商定的计策？是否有了这些血迹证据，就能够将辛普森定罪量刑呢？

在审判开始之后，大家最关注的就是两个问题。第一个问题，检察官要起诉什么罪名，也就是他指控被告什么罪名；第二个问题，检察官要寻求什么样的刑罚。关于指控的罪名，美国各个州是不一样的，在加州，关于杀人的罪名有这么几种，一级谋杀、二级谋杀，还有误杀，等等。如果你要指控被告一级谋杀的话，那么你必须要有充足的证据来证明两点：第一点这个被告杀了人，第二点他是有预谋地杀人。如果检察官提供的证据只能证明被告杀了人，而不能证明预谋的话，那会是什么结果呢？指控的结果不成立！因为陪审团给出的裁定结果并不是有罪或者无罪，而是罪名成立或者不成立。既然指控的是一级谋杀，你证明不了的话，那么就说明指控的罪名不成立。所以检察官是有技巧的，会精确地指控。那有人就会问了，为什么我们不指控他二级谋杀呢？确实，二级谋杀对于证据来讲，检察官压力相对较小，只需证明：第一，他杀了人；第二，激情杀人，证明他激情杀人就可以了。不过，指控二级谋杀的话，那么被告所受到的刑罚幅度就会大大降低。这一点检察官是不会甘心的。尤其是像辛普森这样的被告，杀了两个人！那么，最后检察官会怎么指控呢？检察官指控了一级谋杀。因为辛普森杀了两个人，且全部都是一级谋杀。

两条人命，两个一级谋杀，检察官对辛普森的指控毫无疑问，但辛普森的律师团却看出了其中的破绽，检察官的指控是存在风险的，如果能抓住这个破绽的话，辛普森的量刑就会大大降低，那么律师眼中的破绽究竟是什么呢？

首先，如果说杀妮可是预谋杀人的话，但是戈德曼可能是偶然来到现场的。所以单就戈德曼来讲，不足以说明是预谋杀人。其次，如果说这起案件是辛普森预谋杀人的话，那么辛普森的决定很幼稚。为什么这么说呢？如果是预谋杀人，他怎么可能在妮可的家里边弄得满院子都是血，他用枪不是更快吗？而且怎么会有这种杀人的方法：把人杀了之后，带回好多证据，然后再把这些证据散落在自己家里到处都是。有这么蠢的人吗？关键戈德曼的身上被捅了30多刀，从这一点看，更有可能属于激情杀人。

控方放弃了更容易定罪的罪名，认定辛普森是故意杀人，一定要对他进行最严重的指控，但辛普森的律师团却发现其中的漏洞，这样一来双方针锋相对，一个坚决说无罪，另一个更加坚决地要严惩真凶，这场双方都似乎是殊死一搏的审判中，究竟还会有什么出人意料的事情发生呢？

我们再看检察官是如何寻求刑罚的。因为指控涉及两个一级谋杀，检察官首先就想到了死刑，但是死刑在美国是一个非常慎重的话题，有些州没有死刑。比如说在纽约曾经有一年一个黑人在地铁里拿着机关枪打死了好多人，当时纽约的立法里还没有死刑，所以这个人就没有被判死刑，后来纽约又有了死刑，但是这个案子也不能重判了。在加州是有死刑的，但是适用非常慎重。在这种背景下，检察官考虑到指控的罪名是一级谋杀，而且提出了指控罪名之后，结果还没有出来，你就必须要提出你所寻求的刑罚。也就是说你还不能确定他是不是一级谋杀的时候，就给他定一个死刑的话，那么陪审员会不会接受？这里有两个很重要的因素：第一，辛普森是黑人英雄，是一个名人；第二，陪审团12个人中9个是黑人。在一级谋杀还没有确定的情况下，你就给他定一个死刑，那黑人陪审员会认为这是不是有点欺负人？所以这一点检察官考虑到了，非常慎重。最终他们指控的是无期徒刑，放弃了死刑。

案件进行到这一步，即将走进审判最有意思的一个环节——听证环节。听证实质上是控辩双方比武切磋的阶段。辛普森的案件一进入到听证阶段，遇到的第一个问题就是：辛普森有没有作案时间？因为我们讲到了案件发生之后辛普森坐飞机到了芝加哥，那么辛普森有没有杀人的时间？莫非辛普森有分身之术？辛普森的律师团是如何应对的呢？请看下一讲：时间与七滴血。

第四讲　时间与七滴血

美国橄榄球明星辛普森的前妻妮可惨死家中，谁是杀人真凶？滴在被害人肩膀上的七滴血究竟是谁的血迹，这七滴血又为何神秘消失了？办案警察本该秉公执法，但随着庭审的深入，警方为何有了栽赃陷害辛普森的嫌疑，事情背后有着怎样的玄机？

1994 年 6 月 12 日晚，美国橄榄球明星辛普森的前妻妮可在家中被杀。与她一同遇害的还有一名年轻英俊的男子，身中 30 多刀！警方在案发现场发现一只带血的手套，而在辛普森家里却发现了另一只血手套，并且还有一双带血的袜子。随即，辛普森被警方逮捕，被指控犯有一级谋杀罪。但辛普森坚决不肯认罪，为了摆脱凶杀嫌疑，他投入了 600 万美元，聘请全美最著名的律师团队为他辩护，而检控双方也集结精兵强将要把凶手绳之以法。在庭审辩论阶段双方唇枪舌剑。但令人意想不到的是，随着庭审的深入，辩护律师对办案警察的质疑，却使得案情更加扑朔迷离！

到了听证阶段，控辩双方遇到的第一个有争议的焦点是，辛普森到底有没有作案的时间？这里可以回顾一下案发当天有据可查的一些细节。

6 月 12 号上午，辛普森在他家附近的一家球馆打高尔夫球，打完球回家吃中午饭，并休息了一会儿。到了下午 4 点钟，他来到了女儿的学校，这个女儿是辛普森和妮可的女儿。他女儿当天下午在学校里有一场表演，4 点开始。辛普森到学校去，妮可也去了，妮可是带着自己的父母去的，不过辛普森和妮可没有坐在一起。到了下午 6 点，女儿的表演结束，辛普森和妮可先后离开学校，妮可和自己的父母带上女儿一起来到一家意大利餐厅，她没有喊上辛普森，却约了另外一个人，这个人就是戈德曼。

戈德曼是这家意大利餐厅的工作人员，身材魁梧，容貌英俊。妮可把他喊过来向自己的父母做了介绍。而辛普森回家之后，和他的好朋友凯林一起在家看电视。当时正在转播一场篮球赛。晚上 9 点 15 分，辛普森饿了，便到他家附近的一家麦当劳店，买了一些汉堡带回来与凯林一起吃。晚上 9 点 50 分，辛普森吃完离开。妮可这边，晚上 9 点 30 分，妮可母亲给妮可打电话，说晚上在餐厅吃饭的时候，眼镜落在了餐厅。妮可转身给戈德曼打电话，请戈德曼帮她找眼镜。戈德曼找到之后给她回话说晚上送过来。晚上 9 点 33 分，戈德曼在餐厅里打卡下班。出发之前，他来到他们餐厅的酒吧里喝了一点红酒，9 点 50 分离开餐厅到妮可家里。

根据法医的尸检报告，这起杀人案发生的时间，应当是在晚上 10 点到 10 点 20 分之间。

晚上 10 点 20 分左右，妮可的邻居听到了狗叫声，不过她没理会。晚上 10 点 23 分，一辆豪华礼车来到辛普森家门口，这辆车准备接辛普森去机场。司机给辛普森打电话，结果没人接。晚上 10 点 40 分，辛普森的好朋友凯林在房间听见房间背后的空调被撞得“轰”的一声响。晚上 10 点 55 分，豪华礼车司机看到，一个身材与辛普森相似的男人走进了辛普森的家门。于是，司机给辛普森再打电话，辛普森接电话说睡着了，马上出来。到了晚上 11 点 01 分，辛普森扛着行李出来了。晚上 11 点 15 分，司机载着辛普森去了机场。

这就是当天，辛普森和妮可有据可查的一些行动细节。

明星辛普森的前妻妮可遇害当天，辛普森本人的行程似乎安排得很满，根据尸检报告，被害人应该是死于晚上 10 点到 10 点 20 分之间，但就在这个时间段，辛普森却不能提供他不在凶杀现场的证据，那么辛普森在这个时间里究竟干了什么？如果辛普森是杀人凶手，他又能否在非常短暂的时间里刀夺两命呢？

那么我们分析一下，辛普森到底有没有作案的时间。

晚上 9 点 50 分，是辛普森消失的时间，再次出现的时间是什么时候呢？应该是司机给辛普森打电话辛普森接通的时间，也就是当天晚上 10 点 55 分。那么如果是辛普森作案的话，作案时间应当在晚上 9 点 50 分到 10 点 55 分这一个小时内。这 1 个小时辛普森在干什么呢？辛普森说，他在家睡觉，而且是独自睡觉，没有证人。因此，这段时间就引起了控辩双方的极大争议。这段时间是 1 个小时零 5 分钟，如果是辛普森作案的话，他必须要在这个时间段内完成所有动作，包括杀人、灭证，来不来得及？辩方认为这个时间不够，为什么说不够呢？他们讲了三点理由。

第一个理由，杀人难度很大。因为被杀害的是两个人，妮可和戈德曼，特别是戈德曼，年纪轻轻，才 25 岁，身强体健，而辛普森呢？辛普森这个时候已经是年近半百，辛普森 1947 年出生，那个时候 47 岁。要想让辛普森在这么短的时间里刀夺两命，难度是很大的。

第二个理由，灭证的难度很大。因为如果是辛普森干的话，他必须在这个时间段内在现场杀出一地血，同时还要藏匿凶器、血衣、带血的鞋子，这是需要时间的，而且这些凶器和衣物到目前为止都没找到，警方挖地三尺，在现场、在辛普森家里，到处都没找到。可想而知，这些凶器和衣物可能藏在一个非常隐蔽的地方，因此这是需要时间的。而且戈德曼被捅了 30 多刀，这样捅下去也是很耗时间的；戈德曼会反抗，这也需要一些时间。所以灭证的难度也非常大。

第三个理由，预谋杀人不太合理。如果说是辛普森预谋杀人的话，这里就有一些不合理的情节。比如说，预谋杀妮可、杀戈德曼，杀两个人用一把刀，那是很需要时间的。辛普森并不是职业杀手，持刀杀两个人，这有很大的难度，而且很耗时间，真正有预谋的话，他还不如选择用枪支作为凶器。关键是，辛普森如果是预谋作案的话，他的时间就不对了，晚上9点50分消失，但是他安排的司机晚上10点30分过来接他。也就是说辛普森必须在这40分钟之内完成所有的动作。这里如果稍稍有一点闪失，后果就不堪设想。因为他不但没有给自己安排一个不在现场的证人，而且还把自己的后路给堵死了。如果说辛普森杀人的时间再往后延长一点，误了飞机的话，那么辛普森的嫌疑就更大了。所以说，辛普森预谋杀人的话，他的时间安排不合情理。

辩护律师提出的三大理由，证明辛普森不可能是杀害前妻妮可的凶手。但随后，检方却推翻了辩方的说法！最有杀伤力的血迹证据似乎能置辛普森于死地，但却因警方的行为，让铁证如山的证据变得苍白无力！永远消失的七滴血意味着什么？辛普森是否被人栽赃陷害？

辛普森是在美国有一定影响力的社会名人，如果他预谋杀害自己的前妻，应该会做出非常周密的计划，但是从现场留下的一些证据看，却显得所谓的“预谋”非常不专业，甚至缺乏常识。但梦幻律师团的辩护能否让陪审团信服呢？拥有生杀大权的陪审团，对辛普森是否具备行凶杀人的条件，又是怎样的态度呢？

虽然辩方提出了这些理由，但是作为陪审员来看，这段时间还是够用的。因为任何人都不知道辛普森如果要杀人的话，他是预谋杀一个人，还是预谋杀两个人呢？我们现在也分三种情况来分析一下，第一种情况，如果辛普森只是预谋杀妮可一个人，那么他安排晚上9点50分到10点30分其间40分钟，还是合理的，因为辛普森秒杀妮可这么一个弱女子，应当不是问题。

第二种情况，辛普森预谋杀妮可一个人，但是戈德曼的出现纯属意外。这个时候的辛普森杀起人来就显得有些吃力，那么戈德曼的意外出现就正好迎合了这段延长的时间，也就是原计划司机 10 点 30 分来接辛普森，结果辛普森晚上 10 点 55 分才接电话。这给人一种什么感觉？司机早前给辛普森打电话的时候，辛普森正在杀人，没工夫接电话。所以这是第二种情况，时间安排也是合理的。

第三种情况，如果辛普森谋杀的是两个人，这个时间够不够？检方认为，这个时间，如果杀得顺利的话，还是够的。

看来，关于作案时间，控辩双方的交锋控方占据了上风。

控辩双方激烈交锋，各执一词，陪审团最终认定辛普森具备作案的时间和条件。但能否证明辛普森是杀人凶手，还要靠证据说话！可最为关键的证据却因为警方的行为被蒙上了阴影！那么，警方到底做了哪些匪夷所思的事情，本该秉公执法的警方为何有了栽赃陷害辛普森的嫌疑？

当警方确认了死者妮可的身份后，考虑到妮可与辛普森的特殊关系，警方担心因为仇杀引起的意外事件发生，他们在保护案发现场的同时，也派出警员前往附近的辛普森住宅，在这一过程中，警方虽然有许多重大发现，但同时也犯下了无可挽回的失误。那么，警方有哪些失误？梦幻律师团又是怎样利用警方的失误，来为辛普森辩护呢？

洛杉矶警方到底出现了哪些失误呢？

第一个严重的失误在于犯罪现场的处理上。案发之后，6 月 12 日晚上，当地警察局局长在现场坐镇指挥，当时警察局局长要指派几名刑警到辛普森家里去，完成三件事情：第一，通知辛普森，他的前妻被人杀害；第二，让辛普森把他的两个孩子接走，这两个孩子目前是安全的；第三，作为辛普森本人，也要受到警方的保护，以免出现意外。所以，局长要求派刑警到辛普森家里去。

这个时候，先前说到的白人刑警福尔曼自告奋勇前去，因为他知道辛普森家的确切地址。经过警察局局长同意，福尔曼和其他三名刑警从犯罪现场开车来到了辛普森的家。

这就铸成了警方的第一个严重失误，为什么这么说呢？福尔曼等四名刑警都在遍地血迹的第一现场待了好几个小时，他们的身上、鞋上一定沾有了血迹。现在这四个人来到了被称为是第二现场的辛普森的家里，而辛普森的家里又存在一些可疑的血迹，这两个现场的血迹就容易发生交叉沾染。所以按正常情况来讲，警察局长应当派那些没有到过第一现场的人到辛普森家里去，这是刑事犯罪现场勘查的常识。显然，这个局长的决定失误了。

这还不够，在勘查现场和保护现场的过程中，还有很多失误，比如说案件发生之后，该来的人都来了，但是一个很重要的人物没有来。是谁呢？法医！法医在案发整整 10 个小时之后才到现场，错过了死者死亡鉴定的最佳时间。正是因为法医来晚了，可能做事情有些急，出现了很多失误，首先对妮可的尸体和戈德曼的尸体没有进行 X 光检查，然后对死者尸体的指纹没有提取。这里还有一个关键，就是没有对妮可在死亡之前是否受到了性侵犯进行医学检查，这个是非常重要的。一旦检测出来妮可在死亡之前受到了性侵犯的话，那么我们至少可以从时间上排除辛普森作案的可能性。

警方匆忙行动，给鉴定凶杀现场的血迹增加了难度，法医姗姗来迟，几个重要的检测项目也没有开展。这些都给凶杀案增加了不确定性。但问题远远不止这些，从死者身上永远消失的七滴血，更加令人费解。

除了这些之外，在处置尸体过程中，也出现了一些差错。比如：警务人员为了保护现场，他们从妮可的家里找来了床单和被单，直接盖在尸体上，这是有问题的。先前说过，辛普森跟他的前妻（妮可）谈恋爱，他们俩其实是藕断丝连的，就在案发前的一个礼拜，辛普森还在妮可家里过夜。辛普森经常到妮可家里来，这样被单上、床单上必然会留下辛普森的毛发、皮屑，警方现在用这些被单、床单来掩盖尸体，那么所谓的这些在犯罪现场发现辛普森的毛发、皮屑包括 DNA 检验，这些认定必然会大打折扣。这些都是常识性错误。除此之外，还有一个严重失误：从犯罪现场照片上看到，妮可裸露的肩膀上面有七滴血，这七滴血的形态、大小，通过常理可以推断，它是在妮可倒下之后旁边有人经过滴下来的。如果这七滴血经过鉴定不是戈德曼的血，那就极有可能是凶手留下的。然后，再拿这七滴血与辛普森的血样进行比对，就可以确定辛普森到底是不是犯罪嫌疑人。不过，当辩方的人员提出要对这七滴血进行鉴定的时候，警务人员居然说：“我们在对妮可的尸体进行解剖之前给她洗了个澡……”于是，这七滴血永远消失了！

这就是警方在处置犯罪现场的时候，留下的一个严重失误。

第二个严重失误在哪里呢？在案发之后的第二天，6 月 13 日中午 12 点，辛普森从芝加哥坐飞机赶回了洛杉矶。此时警方已经封锁了辛普森的住宅，然后传唤辛普森，并且向他宣读了米兰达警告。辛普森这个时候做出了两个让警方非常意外的决定：第一个决定，他不要律师陪同；第二个决定，辛普森放弃了沉默权。那么“米兰达警告”是什么东西呢？辛普森为什么要放弃自己的权利？警方第二次严重失误是如何铸成的？请看下一讲：诡异的血证。

第五讲　诡异的血证

美国橄榄球明星辛普森被指控杀害了自己的前妻妮可，辛普森在接受警方调查时被抽血取样，但其中一部分血液样本为何不翼而飞？一双带血的袜子是指控凶手的重要物证，可这一物证为何最终被辩方推翻？庭审现场紧张激烈，刑事鉴识专家、华人神探李昌钰的重大发现又使得案情发生了怎样的惊天逆转？

1994 年 6 月 12 日晚，美国橄榄球明星辛普森的前妻妮可，在家中被杀。与她一同遇害的还有一名年轻英俊的男子，身中 30 多刀！警方在案发现场发现一只带血的手套，而在辛普森家里也发现了另一只血手套和一双带血的袜子等证据。随即，辛普森被警方逮捕，被指控犯有一级谋杀罪。在庭审听证阶段控辩双方唇枪舌剑。令人意想不到的是，随着庭审的深入，案情却愈发扑朔迷离！妮可遇害时，肩膀上留下了七滴血迹，这七滴血很可能就是凶手留下的，但警方清洗尸体的行为却让这七滴血永远地消失了，鉴定真凶血迹的可能性，也就无从谈起。除此之外，辛普森的梦幻律师团，还抓住了警方更多的把柄，那么警方有哪些遭人指责的把柄？这又给庭审结果带来怎样的影响？

控辩双方就辛普森有没有作案时间进行了交锋，后来控方占据了上风，不过因为警方在现场勘查和证据保护的过程中，出现了两个严重的低级失误，导致了控方工作非常被动。

第一个严重失误是在犯罪现场的处置方面。

警方在对犯罪现场的处置方面，令人匪夷所思，在满地是血的凶杀现场逗留几个小时的刑警，竟然还跑到被称作第二犯罪现场的辛普森住宅，而在辛普森家也发现了可疑血迹，所以两个不同犯罪现场的血迹，极有可能产生交叉污染，这使得相关物证的可信度大打折扣；此外，法医在案发10个小时后，才赶到凶杀现场，不仅错过了鉴定被害人死亡时间的最佳时机，也没有对妮可在被害前是否受到过性侵犯进行医学检查，而如果查出妮可在死前遭到了性侵犯，那么，依据DNA检测数据就能锁定杀人真凶。但除了这方面的问题，警方还犯下了什么低级错误呢?

第二次严重失误发生在案发第二天，辛普森从芝加哥赶回洛杉矶之后，警方对其进行了传唤。传唤之后，警方向辛普森宣读了“米兰达警告”。“米兰达警告”是什么呢?其实我们应该都很熟悉，在早期的香港片和美国警匪片里，我们经常可以看到，警察把犯罪嫌疑人抓到之后，不管这个警察是多么累，不管他是否上气不接下气，再忙再累他总会气喘吁吁地说出一段话来，其中第一句就是:“你有权保持沉默。”这就是“米兰达警告”。

典型的“米兰达警告”它应当是这样的措词：

你有权保持沉默，如果你开口说话，那么你所说的每一句话都将作为呈堂证供。你有权请律师，并可以要求在讯问的过程中有律师在场，如果你请不起律师，我们将免费为你提供一名律师，在讯问的过程中你可以随时要求行使这些权利，不回答问题，或者不做出任何陈述。

为什么叫“米兰达警告”呢?米兰达是一个青年的名字。在1963年，美国亚利桑那州的州府凤凰城发生了一起绑架强奸18岁的弱智少女案件，后来警方抓到了犯罪嫌疑人，这个犯罪嫌疑人就叫米兰达。警方抓住他之后，对他进行了两个小时的讯问，米兰达供认不讳，后来米兰达就被判处20年监禁。判决之后，米兰达的律师一路上诉，一直上诉到美国联邦最高法院。上诉的理由是什么呢？他说，米兰达应当享有沉默权，但是他不知道享有沉默权，而警方没有告诉他享有沉默权，那么这个程序就出现了问题，相当于剥夺了米兰达的沉默权。

结果到了 1966 年，美国联邦最高法院做出了一个具有划时代意义的判决，这个判决的内容是：

米兰达的有罪判决被推翻，理由是被告有权保持沉默，检控方不得使用被告自己的供述作为证据，除非被告在被警方羁押时，警方已告知其权利。此判决的依据源自于美国宪法第 5 修正案，其中规定，任何人不得在刑事案件中被强迫做出不利于自己的证词。

后来，美国联邦最高法院把“米兰达警告”的适用范围扩大到了侦查阶段，从此“米兰达警告”规则就产生了。

从 1966 年开始，美国警察抓捕犯罪嫌疑人的时候，不管那个时候情况是多么严峻或者紧张，不管那个时候警察心情多么不好，警察必须把“米兰达警告”宣读出来。可是，“米兰达警告”有 100 多字，太费事影响执法效率，于是他们就把“米兰达警告”的原文压缩，压缩之后“米兰达警告”的内容就是：你有权保持沉默，你所说的一切将会作为呈堂证供；你有权聘请律师，如果你请不起律师，法庭可以为你代请一名。这就是“米兰达警告”的出处。

对于辛普森，警方向他宣读了“米兰达警告”，告诉他可以带律师到警察局来，也可以保持沉默。不过，辛普森拒绝了。他很坦然地跟律师说：“这件事情跟我没关系，你不用去。”然后他要求单独与警察进行交谈。

在美国，刑事案件中任何人都不能被强迫自证其罪，当辛普森被警方传唤讯问，他为何要放弃对自己有利的沉默权？是故弄玄虚还是另有隐情？一双带血的袜子是指控辛普森的重要物证，最终因何未被采信，血袜子物证有什么致命缺陷？刑事鉴识专家、华人神探李昌钰有什么重大发现，这个发现又给案情带来怎样的影响？

在形势对辛普森不利的情况下，辛普森选择放弃沉默权，并且独自一人接受警方讯问，这让警方非常意外，因为能够直接面对犯罪嫌疑人，这是获取口供证据的重要机会，那么警方能否从辛普森那里问出有价值的口供线索呢？

这确确实实让警方感到意外，因为如果真是辛普森作案的话，那么辛普森家里有血手套、血袜子，现场有辛普森的血迹……在这么多证据都指证辛普森的前提下，辛普森居然还敢单枪匹马地与警方直接周旋，一旦在谈话的过程中出现了一些自相矛盾的语言，或者自己讲了一些不利于自己的供述，那就极有可能作为控方证据，因此这是非常危险的。所以警方对辛普森的决定感到非常意外，但是辛普森还是单独地与警方进行了半小时的交谈。这对于警方来讲是一个绝佳的机会。一般情况下，警察抓到犯罪嫌疑人，犯罪嫌疑人都会保持沉默，不然万一说漏嘴了，会对自己不利的，不说话是对自己最好的保护。

辛普森放弃了沉默权，可是警察没有把握住这个好机会，因为在这半个小时的盘问过程中，警察关注的重心在于他和妮可之间的关系，甚至都没有问到辛普森当天的具体行踪。

而且，警察局的一位警长瓦纳特干了一件蠢事，铸成了警方的第二次严重失误。警长瓦纳特干了一件什么蠢事呢？在讯问辛普森的时候，瓦纳特说：“辛普森，我们在你家里边发现了一些可疑的血迹。”辛普森很坦然，他说没问题，为了查清事实真相，你们可以采我的血样。所以瓦纳特就安排警察局里的护士给他抽血。抽完血之后，再往血里面放了一些防腐剂，防止血样凝固或者变质，这个都没问题。关键是什么呢？在采了血样之后，警长瓦纳特并没有把这个血样送到一步之遥的刑事化验室里，而是把血样带到了32公里以外的犯罪现场，然后在犯罪现场溜达了3个小时之后，才把血样交给刑事检验员，因为刑事检验员在犯罪现场。于是，在法庭上辩方提出了质问，瓦纳特是这么解释的："按照工作规定，我们的血样必须先经过刑事检验员登记编号之后，才能放进刑事化验室。当时负责登记编号的刑事检验员就在犯罪现场，所以我直接到了犯罪现场。我去的时候他正在进行化验，所以 3 个小时之后我才把血样交给他。"

那么从这个解释来看，瓦纳特也没有很大的问题，似乎还说得通，关键是什么呢？在庭审的时候又出现了一个证人，这个证人就是警察局里那个采血的护士，这名护士在法庭上说："当时我从辛普森身上抽取的血液大概有 8 毫升。"可是，后来辩方检验人员在刑事化验室里看到的血样仅仅只有 6.5 毫升。也就是说，大概有 1.5 毫升的血样不翼而飞了！这就有问题了，你们不是说在犯罪现场发现了辛普森的血迹吗？那犯罪现场的辛普森的血迹，到底是辛普森留下来的，还是瓦纳特洒出来的？这就是第二个严重的失误。

辛普森的一部分血液样本为何不翼而飞？案发现场的血迹为何疑点重重？庭审现场紧张激烈，控辩双方斗智斗勇，刑事鉴识专家、华人神探李昌钰的重大发现，又给案件审判带来怎样的惊天逆转？

警方的重大失误，给检方的控诉带来不小的麻烦，而辛普森花重金聘请的梦幻律师团，则趁势釜底抽薪、穷追猛打。但仅仅针对血证的质疑，又能否让辛普森摆脱凶杀的嫌疑呢？

前面所讲，检方的听证过程，历时 92 天，传唤证人 58 人，展示的证据 127 件。但是这个过程露出了两个严重的马脚，也就是警方的两大失误，辩方死死地抓住这两大失误做文章，然后针对这里两个关键性的证据提出了两大争议：

争议之一，是血迹证据。这个案件发生之后，警方在犯罪现场发现了辛普森的血迹；在辛普森的车上发现了死者的血迹；在辛普森的家里、路上发现了血迹；在辛普森的卧室里发现了血迹，而且发现了血手套、血袜子等。这么多关于血迹的证据都直接指向了辛普森，按正常情况来讲，辛普森应当是在劫难逃了。不过，辛普森的梦幻律师团就是针对这些血迹提出了质疑。

首先，他们提出血袜子存疑。在辛普森的卧室里，警察福尔曼发现了一只血袜子。这只血袜子有三方面问题：第一方面，这只袜子两侧，一边的血迹形状和另一边的血迹形状是一模一样的。我们从常理来推断，这血袜子绝对不会是凶手穿在脚上产生的血迹，应当是没有穿的时候抹上去的，所以这个血袜子有问题。

其次，辩方在刑事现场勘查报告上找到了辛普森卧室里面的照片，这里有两张照片反映出袜子所在的现场。第一张拍摄的时间是 6 月 13 日下午 4 点 13 分，这张照片没有血袜子；到了下午 4 点 35 分，这张照片上又有了血袜子。于是，辩方人员就提出来，这个血袜子会不会是警方扔到现场的？

最后，辩方针对血袜子的血迹进行了化学检验，发现血迹里有防腐剂！这时辩方人员就提醒陪审员：先前提取辛普森的血迹血样里，警方是特意加了防腐剂的；现在这个血袜子上的血迹里也有防腐剂，这意味着什么呢？

第二个疑点，血迹分布存疑。从现场勘查报告上可以看到，戈德曼与凶手之间进行了大范围、长时间的搏斗，戈德曼身上的钥匙、信封以及一些纸片散布在现场，范围很大。而且，关于戈德曼牛仔裤上的血迹，从常理推断，应当是戈德曼站着时流下来的，最后戈德曼身中 30 多刀，也就是说戈德曼在挨了刀之后，还在继续与凶手进行搏斗。从这些方面我们可以推断，凶犯身上肯定不会那么干净。也就是说，作为凶犯，他身上的衣服肯定会带血；现场遍地是血迹，那么凶犯的鞋子上也一定带有血迹。如果说是辛普森杀人的话，那么为什么辛普森的车上只有微量血迹呢？

还有，假设辛普森杀人之后开车回家，在辛普森家里院子的门到住宅的门这段路上，肯定会留有大量的血迹。可以设想，辛普森此时回家之后，进了房，然后落下了血袜子。但是如果真是辛普森满身是血地走回房间的话，那么为什么门的把手上没有血迹？灯的开关上也没有血迹？包括血袜子周围的白色地毯，辛普森的房间白色地毯上没有血迹，血袜子似乎是“空降”而来，这些是不合情理的。这是第二个疑点。

第三个疑点，血滴的样态存疑。警方在犯罪现场发现了五滴血，确定是辛普森的。这五滴血形态完好，大小均匀。辩方在法庭上请出了一个专家证人，这个专家证人就是著名的华人刑事鉴识专家李昌钰博士。在法庭上，李昌钰带来一张白纸，当场往纸上倒一些红墨水。然后，他突然举起手，用力拍在墨水上。这个动作非常快，旁边的人员包括陪审员都没搞懂。红墨水被拍了之后，布满了纸上。然后，李昌钰通过这张白纸上的血迹分布来说明，喷溅血迹应当是什么样态，不同的力量不同的角度，血滴滴下来的形状、大小是不一样的。如果说现场的五滴血是辛普森的话，辛普森只有大拇指上受了伤。按正常情况，受伤流血刚开始血量大，后来血量小，那么这五滴血正常情况下，大小应当是不一样的。另外，血滴在运动的过程中落到地面上，因为产生了撞击，它绝对不是完整的。所以现场的五滴血的样态有问题。

这就是辩方提出的第一个争议。第二个争议，就是手套证据。

犯罪现场有一只血手套，在辛普森家的空调下面也有一只血手套。那么这两只血手套会存在什么疑点呢？号称天下无敌的梦幻律师团，还有没有什么秘密武器呢？请看下一讲：致命漏洞。

第六讲　致命漏洞

庭审辛普森，悬念迭出，辛普森聘请的律师团队却就检方提出的证据展开反击，血手套究竟有着哪些疑点，这些疑点到底能不能为辛普森洗脱罪名？行为可疑的警官福尔曼牵出一段录音，这段录音的出现为何直接暴露了控方的最大漏洞，这最大的漏洞究竟是什么？

1994 年的一个深夜，美国洛杉矶市的一幢住宅前，一女一男倒在血泊中。后经警方调查，男女均已死亡，并且男子身中刀伤多达 30 多处。而更令警方吃惊的是，死者正是美国家喻户晓的橄榄球明星辛普森的前妻妮可。而男子是一名叫作戈德曼的身材高大的英俊青年。经过初步的调查，警方逐渐将犯罪嫌疑人锁定在辛普森身上，但审判的过程却是悬念丛生、步步惊心，在辛普森家中找到了血袜子，而血袜子的血迹中竟然含有防腐剂，死者妮可肩上的有可能证明凶手身份的七滴血却被警方意外洗掉，在犯罪现场发现辛普森的五滴血又更像是有人刻意滴上去的，血迹形状大小均匀，外形完整，这一系列离奇事件的背后究竟有着怎样的隐情？辛普森的律师团队就警方在血迹证据上出现的纰漏大做文章，有力的证据却变成了辛普森无罪的突破口，那么辩方所提出的第二个争议是什么？辛普森案件的审理又会出现怎样的状况呢？

第二大证据——手套证据，这又有什么问题呢？辩方提出了四个疑点。

第一个疑点，关于血手套。白人刑警福尔曼在庭上是这么说的，他说他发现空调底下的血手套上面的血迹是湿的。这一点辩方律师坚决反对，辩方是这么解释的：案发当天，6 月 12 日晚上 10 点钟这起凶杀案才开始，10 点 20 分结束。而福尔曼发现第二只血手套的时间是第二天的凌晨 6 点多钟，整个时间跨度接近 8 个小时。根据案发当天晴转多云的天气，20 摄氏度左右的气温，在这个环境条件之下，正常的血迹 8 个小时就应当凝固了，不可能还是湿的。所以辩方就说，如果福尔曼在现场发现的那个血手套还是湿的的话，那么只可能有一种解释：福尔曼在凶杀案现场发现了第二只血手套之后，悄悄地把它放进了自己的警用证据保护袋里，然后想方设法、自告奋勇地来到辛普森家里，把这个血手套扔在了现场。只有这种解释！这是辩方提出来的第一个疑点。

第二个疑点，空调下的这只血手套，警方认为是辛普森一不小心撞上了空调落下了血手套。但是辩方认为，既然辛普森可以把杀人之后的凶器和带血的衣服藏匿得无影无踪的话，他根本就没有必要多此一举，来到自己家后边的空调下扔一只血手套，甚至还跑到自己房间再扔一只血袜子，这是不合常理的。而且，辛普森对自家的地形应当是了如指掌，怎么可能会撞到空调上，而且撞得“轰”的一响呢？就算真的撞到空调上落下了血手套，在那时他应该会找一找，可是在血手套的周围没有任何痕迹，似乎这个血手套也是“空降”而来，周围没有任何一点痕迹。这是辩方提出的第二个疑点。

第三个疑点，警方认为，辛普森左手拇指上的一个伤口就是在作案的时候留下的。辩方对两只手套都进行了检验，两只手套都是完好的，没有划破的痕迹，这两只手套里面也都没有留下血迹。所以辩方非常肯定地说，辛普森左手拇指上的伤口与这两只血手套没有关系，与这起凶杀案也没有直接关系。这是第三个疑点。

第四个疑点，辩方提出，既然检方警方都认为这两只手套是辛普森的，那么我们就想让辛普森把这个手套试戴一下。于是，在庭审现场众目睽睽之下，辛普森开始试戴这两只手套，结果始终戴不上去，那个手套太小了。这时控方请出一名专家证人来说明，这种手套遇到血之后会收缩；辩方这边也立刻请了一名专家证人，这名专家证人的解释是，这副手套本身就是经过防收缩处理的，遇到血不会收缩。所以，控辩双方就这个手套会不会收缩又产生了争议。不过，在众人的眼里，或者说在陪审员眼里，这副手套与辛普森的手真的很难相配，太小了。辛普森是橄榄球球员的手，根本戴不上去。所以关于血手套是辛普森用来杀人的，这点确确实实说服不了陪审团。

沾有自己血迹的手套辛普森竟然戴不上，这看似板上钉钉的证据几乎就要被推翻了，最后一个有力的证物也失去了效果，这不免让所有参与其中的人感到震惊，没有了证据，接下来案件该怎样发展，辩方还能为辛普森找到怎样的辩护理由呢？

经过一轮激烈的控辩交锋，控方提出的最有力的血迹证据和血手套证据都在辩方的质疑下让法官和陪审团产生了怀疑，照这么看，血袜子、血手套似乎是被人动了手脚，这时就有人提议是不是找到犯罪现场的凶器，凶手就会浮出水面呢？妮可与戈德曼都是被刀所杀，甚至高大英俊的戈德曼身上中刀多达 30 多处，那么，庭审早已开始多时，凶手使用的凶器到底在哪呢？为什么控方迟迟不能将凶器作为重要证据呈堂？于是辩方以此为突破口，再次在法庭上提出了五大理由，以排除辛普森的作案可能。

辩方律师在提出了血迹证据和手套证据这两大证据之后，还提出了五个理由来排除辛普森作案的可能。

第一个理由，控方没有找到带有辛普森指纹的凶器。关于作案凶器，警方经过调查，有些人反映，在案发之前大概两个月左右，辛普森曾经到某一个商场去买了一把单刃刀，这把刀和这个现场尸体上的刀口形状相同。所以，警方在案发之后，在案发现场、在辛普森家里，包括洛杉矶机场、芝加哥机场还有辛普森当晚在芝加哥所住的酒店里，全部进行了地毯式搜查，都没有找到这把刀。但是在庭审的时候，控方向法官递交了一个神秘的大信封，这个大信封里面装了什么呢？很多人猜想，这里头肯定是作案的凶器。后来，控辩双方共同委托了一名鉴定人对这个大信封进行了检验鉴定，这个鉴定人是谁呢？就是前面提到过的李昌钰博士。李昌钰博士把信封打开，里边确实是一把单刃刀，和前面提供线索所反映的在商场买的那把刀是同一类型的。李昌钰取了一点试剂，往这把刀的刀刃上抹了一层，刀刃上没有任何反应。这时李昌钰说："这把刀是没有见过血的，如果说这把刀见过血的话，哪怕是把它洗干净了，接触到这个试剂，都会发生反应。"所以说，这把刀绝对不会是辛普森的杀人凶器。

所以说控方就一直没有找到杀人的凶器，这是第一个理由。

第二个排除辛普森作案的理由是没有目击证人发现辛普森在场。虽然说在杀人现场、在辛普森家里发现了很多血迹，包括血手套、血袜子，但是这些都不靠谱。美国加州证据法把证据分为直接证据和间接证据，什么是直接证据呢？直接证据是指可以用直接的方式而不是用推论的方式来说明案件事实的一些证据。比如说有人在现场发现辛普森在场，这就是一个直接的证据，不需要推论。什么是间接证据呢？它是指不能以直接的方式，而只能以推论的方式来说明案件事实的一些证据，就是间接证据。比方说在案发现场发现了辛普森的血迹，发现了辛普森的衣服，发现了他的鞋子、袜子，这些都不管用，这些都是间接证据，因为这些东西是可以通过别人拿到现场来的，不能说明辛普森到了现场。

美国司法界推崇的是直接证据，因为直接证据可以直接说明一些案件的事实，间接证据却很容易产生争议。如果说某些间接证据不能形成证据链的话，它就不能达到你想要证实的效果。

这样一来，警方在杀人现场发现的所谓辛普森的血迹、毛发、皮屑，这些都属于间接证据。所以辩方认为，没有目击证人能够证明辛普森到过现场，这是排除辛普森作案的第二个理由。

第三个理由，关于被害者妮可，辩方认为，妮可在品格上并非毫无瑕疵，也就是说妮可在品格上有些问题。因为辩方了解到妮可是一个吸毒者，妮可被杀害，也有可能是因为她购买了大量的毒品，结果付不起毒资，被贩毒集团或者说被黑社会杀掉了，而且美国的黑社会杀人的标志性方式就是割脖子。

第四个排除辛普森作案的理由，那就是关于戈德曼。戈德曼被杀了，辩方通过调查发现，1993 年到 1995 年，这两年中戈德曼所在的这家餐厅先后有四个员工被杀害或者离奇出走，那么戈德曼会不会是第五个人呢？而且戈德曼和妮可的关系非同一般，经常有人看到戈德曼开着妮可的车到处兜风，而且也看到戈德曼带着妮可的两个孩子出去玩，谁知道戈德曼和妮可之间会不会有些其他的瓜葛呢？

第五个理由，多处疑点足以说明警方在办案的过程中有栽赃嫌疑，有作伪证的嫌疑。首先关于现场的尸体，妮可裸露肩上的七滴血，警方在解剖之前给她洗了澡，这些证据永远不会再重新出现。这是现场勘查中出现的严重失误。还有就是警长瓦纳特，他在抽取了血样之后到凶杀案的现场活动了 3 个小时，最后的结果，抽出的血样莫名减少了。

这其中还有一个人，可以说最让辩方怀疑栽赃的人就是他，最让警方无语的人也是他，这个人是谁呢？就是白人刑警福尔曼。福尔曼引导辩方打出了一张王牌——种族牌。辩方通过调查得知，案发当天福尔曼根本就不当班，应当是休息，结果他却来到了现场，而且自告奋勇地要到辛普森家里去，还先后发现了血手套、血袜子以及汽车上的血迹，这些血迹都是他单独发现的。这个福尔曼毕竟不是福尔摩斯，为什么这些重要的证据都是他一个人单独发现的呢？所以福尔曼就成了辩方律师的重点盘问对象。

五大理由成为了辛普森的救命稻草，这五条无罪理由能否站得住脚？警官福尔曼已经成为了辛普森律师团队的突破口，那么对福尔曼的盘问能不能使案件的走向进一步发生变化。他又将怎么解释自己之前的种种反常与巧合，这些反常与巧合是否就能够说明福尔曼真的别有用心呢？

在辛普森这个案件中警官福尔曼是个关键的角色，无论是现场勘查还是事后通知辛普森，再到取得证据，这个福尔曼几乎贯穿了整个事件，破案取证本无可厚非，但全部线索都是由一个人发现，这就不能不让人怀疑了，难道辛普森真是被福尔曼栽赃陷害？在辛普森的律师团已经怀疑警官福尔曼跟这个案件有着直接关系后，他们将采取怎样的行动？这个在福尔曼身上最大的漏洞又是什么呢？

辩方事先通过调查了解到，福尔曼曾经有过恶劣的种族歧视语言。于是，辩方律师质问福尔曼，问他在过去的 10 年里有没有说过“黑鬼”这个词？“黑鬼”就是对黑人的一种侮辱性的称呼。辩方律师为什么要问福尔曼过去 10 年里有没有使用过黑鬼这个词呢？这个词语与辛普森杀妻案有什么关联？或者说与福尔曼栽赃有什么关联呢？这到底是辩方一种什么样的辩护策略？

美国法律中有一条重要的证据规则，它叫“面条里只能有一只臭虫”。这句话怎么解释呢？打个比方，现在你正在吃一碗面条，吃着吃着突然发现里面有一只臭虫，这个时候你会怎么办？一般情况下不会有人说：味道不错，我再吃两口；也不会说：我查一查看一看，这里到底有几只臭虫？一般不会这样。正常情况是将这碗面条倒掉。

美国联邦和加州地区的证据法规定，如果作为一个证人，他的品格受到怀疑，或者说被认为有缺陷的话，那么他所提供的证词就不再具有法律效力。所以说在美国，证人到庭作证，如果被证实他的证言里有谎言的话，那么他所作的证言全部没有法律效力。这就是“面条里只能有一只臭虫”，换句话说就是，证据里只能有一次谎言。

现在辩方就是想证实福尔曼撒过谎。怎么证实他呢？在先前我们提到过的梦幻律师团，这八个成员里有一个叫贝利的律师，他是一位盘诘高手，这个时候贝利出场了。他一出场就问福尔曼：“在过去10年里，你是否曾经用过‘黑鬼’这个词？”福尔曼回答说：“据我所记得，没有过。”这个回答很机灵，进可攻，退可守，但是贝利紧追着问了一句：“你的意思是如果你曾经对着某一位黑人说他是黑鬼，或许你也忘记了。”福尔曼此时装糊涂，他说：“我不确信能否回答你用这种方式提出来的问题。”贝利律师步步紧逼，他说：“说白了吧，我就想让你承认，从1985年到现在这10年里头，你曾经对着一个黑人说他是‘黑鬼’，但是你忘记了。”福尔曼说：“不可能！我没有说过！”然后贝利律师接着提问，他趁热打铁说：“如果现在有人证明你曾经使用过‘黑鬼’这个词，那么要么是他在撒谎，要么是你在撒谎。”福尔曼说：“对，他肯定是在撒谎！”其实这就是贝利律师给福尔曼设下的一个陷阱：“如果我们能提供出一个证人，那么要么是他在撒谎，要么是你福尔曼在撒谎。”

这时的福尔曼根本没有意识到，自己已经悄悄地掉进了律师贝利的圈套，那么贝利真的能找到一位证人吗？他要用什么来证明福尔曼说的都是谎言？在这个人出现之后，辛普森涉嫌杀妻案子的走向，为什么会发生了彻底的转变？

这个人是一个女剧作家，她为了收集警察破案的一些素材，在最近10年里先后十余次找福尔曼进行采访，而且还专门录了一段录音。在这个录音里，我们可以听到，凡是涉及黑人的地方，福尔曼统统地称之为“黑鬼”，总共达到40多次。而且，就是在这盘录音带里反映出了福尔曼的人品，他喜好吹嘘，狂妄自大。他曾经说过这样的话：“这起大案，如果不是我来撑住的话，警方早就失败了，血手套就是关键，如果没有血手套，这个案子，就别玩了。”他还说：“你们就是搞不懂，干警察这一行根本就不用讲什么规矩，到时候瞎掰就够了。”而且，在这个录音带里，福尔曼以完全肯定的态度说明自己有可能在案件里栽赃和伪造证据，他是怎么说的呢？他说：“我如果遇上看不顺眼的人，我就可以直接把他拘留起来，如果你们非要问我为什么，那我就硬说他涉嫌盗窃。”他还说：“我们警察是不好惹的，我们就是杀了人我们也知道该怎么说。”

福尔曼的这段录音可以说是辛普森杀妻案的转折点，这一段录音当庭播放之后，贝利律师当庭对着福尔曼重磅轰击：“福尔曼，这起案件的现场勘查报告你是否做了假？在调查取证的过程中，你是不是有栽赃的行为？你是不是作了伪证？”结果福尔曼的回答让辩方律师团出乎意料，福尔曼怎么说的？他说：“我希望维护我的宪法第5条修正案特权。”

这是什么意思呢？他实质上就是想引用“米兰达警告”，行使他的沉默权。福尔曼的这个回答就相当于正好进了辩方的圈套。因为在美国的法律中规定，警察作为一种特殊的证人，他有义务出庭作证，而且在他作证的过程中，不能行使沉默权。

在美国还有一句名言：警察是法庭的公仆。因为警察作为侦查破案的人员，他们在第一时间掌握侦查破案的一些证据，法律规定了他们有作证的义务。比如说一个交通警察查处了一起交通违章，那么在法庭上他一样有义务出庭作证。现在这个福尔曼居然引用“米兰达警告”里的沉默权，他忘记了他自己的警察身份，他是有义务作证的，所以他这个回答相当于不打自招。

在辛普森杀妻案审判完毕之后，警方毫不客气地对福尔曼进行了起诉，最后福尔曼因伪证罪被判处有期徒刑3年。

一转眼，辛普森案件的审理已经从1994年夏天到了1995年的秋天，在这一年多的审理中，控方辩方大施手段，只为在审理中能够占得优势，但控方提出的血迹、血手套等证据都存在着明显的漏洞，甚至警方内部也出现了福尔曼这样的被辩方视为漏洞的关键人物，那么，面对辩方提出的两大争议和排除辛普森作案的五大理由，法官与陪审团会是怎样的态度？这起看似简单却又扑朔迷离的明星“杀妻”案，将会有个怎样的判决呢？请看下一讲：最后的判决。

第七讲　最后的判决

庭审辛普森，几起几伏，让人摸不着头脑。血迹、血手套等证据已经被排除，本已看似板上钉钉的案件又似乎有了更大的悬念，警官福尔曼浮出了水面，一段录音的出现让福尔曼颜面扫地，种族意识过于偏激的他是否在辛普森的案件中用过小动作？这场争论许久的案件到底会有个怎样的判决呢？

1994年的一个深夜，美国洛杉矶市的一幢住宅前，一女一男倒在血泊中。后经警方调查，男女均已死亡，并且男子身上中刀多达30多处。而更令警方吃惊的是，死者正是美国家喻户晓的橄榄球明星辛普森的前妻妮可。而男子是一名叫作戈德曼的身材高大的英俊青年。经过初步的调查，警方逐渐将犯罪嫌疑人锁定在辛普森身上，但审判的过程却是悬念丛生、步步惊心，在辛普森家中找到了血袜子，而血袜子的血迹中竟然含有防腐剂，死者妮可肩上的有可能证明凶手身份的七滴血却被警方意外洗掉，在犯罪现场发现辛普森的五滴血又更像是有人刻意滴上去，血迹形状大小均匀，外形完整，这一系列离奇现象的背后究竟有着怎样的隐情？通过一段录音，辩方又发现了一个惊天的疑点，辛普森很有可能是遭人陷害，辩方把所有的问题都集中在了警官福尔曼身上。同时辩方又找到了否定福尔曼人品的证据，导致了福尔曼的证词归于无效。至此，证据、证词已经全部无效，这场经过了一年的惊心动魄的较量，控辩双方到底谁胜谁负，辛普森又会得到怎样的判决呢？

1995 年 10 月 2 日，法官伊藤向陪审员宣布了一些规定：陪审团在合议之前不得互相讨论案情；在合议之前，不得对案件形成固定的看法；陪审员必须按法律判断，而不能掺杂自己的好恶；陪审员不能轻信双方的律师，要以证据为依据；陪审员不得由于对双方律师印象的好坏而影响对证据的判断；在双方的证据出现矛盾的时候，必须倾向于相信证明被告罪名不成立的证据。

关键是最后一条，因为在辛普森“杀妻”案中，一直没有直接证据，都是间接证据。那么陪审团在进行合议的时候，按照美国法律规定，必须倾向于保护被告的立场。伊藤法官把这些规定向陪审员传达之后，这起案件就算移交给陪审团了，法官基本上没什么事情了，除非陪审员关于合议规定的相关问题可以问法官，其他的事情法官就放手不管了，律师也没有什么任务，现在大家都等着陪审团合议的结果。

那么这个受到各方关注的陪审团合议结果什么时候能够出炉呢？按照美国的司法惯例，陪审团合议的过程通常为一个星期，但是这次合议的案子涉及名人辛普森，大家推测，此次合议的过程是不会太短的，控辩双方都在焦急等待结果的公布，在他们中间辛普森是最焦急的一个，对于这个结果他是又急又怕，十分迫切却又战战兢兢，但让所有人没有想到的是，决定辛普森生死的陪审团的回应竟是如此迅速。

对于陪审团合议案件的时间，十天半个月都有可能。可是这起案件交给陪审团之后，不到 4 个小时，陪审团已经把结果合议出来，装进一个密封的信封里，上交给法官。在这个过程中，辛普森在被告席上盯着这些陪审员，希望能从这些陪审员的表情上读出一些东西来，可是令他很失望，12 名陪审员仅仅只有 2 人朝辛普森这边投了一眼，其他的人都没有看辛普森。按照经验来判断，当陪审员刻意回避被告目光的时候，十有八九不妙，所以辛普森此时心里很不是滋味。后来法官出来说，这起案件明天上午10点准时宣判。为什么要等到第二天上午10点呢？因为在两年之前，这个地方有这么一起案子：一个白人警察把一个黑人打伤了，最后法庭判白人警察无罪，结果导致了一场黑人暴动。对于这起辛普森“杀妻”案，法官也是有考虑的。辛普森在黑人群体中人气非常高，如果现在宣布判决结果，很可能会引发黑人暴动，所以决定第二天上午10点宣判，给大家留一晚上的时间缓冲一下。这一晚，洛杉矶警方开展全城大戒备，防止发生暴动；也就是这一晚，所有美国人都在想，辛普森的判决到底是什么结果。

历时一年多，辛普森涉嫌杀害前妻妮可的案件就要判决了，在这一年中，经历了多次碰撞的检方、辩方，都在翘首企盼这个结果的来临，几经起伏，审判悬念迭出，陪审团迅速合议的结果究竟是什么？辛普森将会得到怎样的判决？

1995年10月3日，上午接近10点之时，全美国几乎都停止了工作，所有人都在等待辛普森案的判决，包括白宫的官员和各企业的一些职员，还有一些工人、农民，男女老幼，都守在电视机前，停下了手中的一切工作，不工作、不学习、也不上厕所，就等着观看最后的判决。时任总统克林顿也放下手中的工作，离开他的椭圆形办公室，和他的助手一起观看电视现场直播。在亚特兰大国际机场，很多旅客也在机场等着看宣判。就在宣判之前的一个关键时刻，机场有一位工作人员，也是不识时务，他跑过来跟旅客说：“你们还在看啊，飞机马上就起飞了。”结果这100多名旅客异口同声喊：“闭嘴（shut up）”。所以，在宣判时刻，整个美国都窒息了。

辛普森无罪！

当法官宣布完这个结果，全场的人都惊呆了，大家都不能相信自己的耳朵，一直被认为是作案凶手的辛普森竟然恢复了自由之身，这是很多人都没有想到的，就这样，历时一年多的辛普森涉嫌杀害前妻妮可的案件终于有了定论，辛普森无罪，但审判的结果并没有让之前的硝烟云消雾散，在很多人心里，这个判决结果引发的是一场更大的震动。

这个结果似乎是很多美国人意料之中的事情，但是同时又觉得很意外。为什么呢？虽然大家都想到两种结果均可能发生，但是真正当这个具体的结果出现在他们面前时，他们却接受不了，他们受到的震动非常大，因为他们心里面都背着一个非常沉重的精神负担，这个负担就是追求正义。辛普森“杀妻”案，这起案件前后历时一年多，结果呢，犯罪嫌疑人辛普森无罪释放了。那么，这起案件经过一年的审判，最后的结果居然是连一个犯罪嫌疑人都没有。在宣判之前，大家想着这起案件好歹有个嫌疑人，就是辛普森，现在结果出现了之后，妮可和戈德曼不幸丧命，却还不知道是谁干的。

在审判过后，案件竟然没有了犯罪嫌疑人，这是所有人都不能接受的，既然辛普森无罪，那真正的凶手在哪呢？回顾这一年多的审判，警方、检方把所有精力都放在了辛普森的身上，会不会是他们先入为主地认定辛普森就是杀人凶手进而错过了抓捕真凶的最佳时机？没有凶手，也没有犯罪嫌疑人，妮可与戈德曼的死亡之谜到底何时才能解开？面对这样的结局，妮可与戈德曼的家人又该怎样面对呢？

这个判决公布之后，与案件相关的一些人员的表情和表现各异。首先是辛普森，听到这个结果之后，他做了一个深呼吸，然后朝陪审员挥手，跑到了梦幻律师团队里跟他们一个个地拥抱。最后，辛普森的儿子代替辛普森向大家发表了一个声明，内容是，他将以抓到杀害妮可的凶手为他此生最大的目标。这是辛普森的表现。

那么作为死者的亲属呢？首先看看妮可的母亲，妮可的母亲欲哭无泪，声音颤抖，她说，1994 年 6 月 13 日是她的第一个噩梦。为什么是 6 月 13 日呢？因为 6 月 12 日晚上案发，6 月 13 日妮可的母亲才知道。所以

6月13日是她的第一个噩梦。而今天，也就是1995年10月3日，是她的第二个噩梦。

戈德曼的父亲最后讲了一句话，这句话回荡在美国的每一个角落。他说今天并不是检察官输掉了这场官司，今天失败的是整个美国，因为公平和正义没有得到伸张。

轰动一时的辛普森“杀妻”案就这样落下了帷幕，没有证据，就不能给辛普森定罪，尽管很多人都心存不平，但法律是要讲证据的，没有证据的定罪显然不是人们所追求的正义。那么，这场轰轰烈烈的审判又会给美国人带来怎样的思考呢?

就辛普森涉嫌“杀妻”的案件来讲，虽然法律的判决已经有了，但这个判决却更大地激发了民众的情绪，特别是参与这起案件的人们，这次审判给他们带来了巨大的内心冲击，在他们心中，对这个案子的思索仍在继续。

在所有人中，背负精神压力最大的就是法律工作者。作为美国的法律工作者，他们最了解美国的司法制度，而他们也很理解维护这种司法制度必须要付出一定的代价。因此他们要比别人更能经受住更加强大的精神冲击，因为这些代价往往是经过他们的双手亲手送交出去的。

再看看这起案件的主审法官伊藤，案件审完之后，他在自己办公室里抱着自己当警官的妻子号啕大哭，好久之后他才出来和双方的律师握手。最后他说了这么一句话：全美国人都看到了辛普森的罪行，但是法律没有看到!

接下来看看控方的领队克拉克，她是一名女检察官，离婚了，带着孩子。但是，辛普森“杀妻”案历经整整一年，克拉克夜以继日地工作，结果失去了对孩子的监护权。辛普森案件结束之后，克拉克干脆辞职不干，来到一家电视台做一个栏目的主持人，这个节目还小有名气。经过克拉克多次邀请，她请到了一个非常特殊的人，他就是先前提到的李昌钰博士，克拉克把李昌钰博士请到她的节目做了一次访谈，采访时克拉克开口就问：“李昌钰博士，你既然明明知道杀人现场留下的是辛普森的血迹，最后为什么还是要帮他辩护？”李昌钰博士说：“我们打个比方，我们现在正在做访谈节目，然后你那美丽的头发掉了一根，掉在我裤子上了，然后节目做完了我就回家，我的妻子发现我的腿上有一根头发，然后就拿去做鉴定，鉴定出来是你的头发，然后我的妻子认为我和你之间有不轨的行为。但是天知地知，你知我知，我们之间是很清白的。所以，在犯罪现场发现了毛发，发现了皮屑，发现了血迹，但是不能证明这件事就是这个人干的。”

我们最后再看一下梦幻律师团的表现。这起案件宣判之后的第二天，报纸上刊登了美联社的两张照片，一张是梦幻律师团，拍摄的内容是他们当时的表情，标题是《梦幻队赢了》，第二张照片拍的是克拉克，标题是《空忙一场——失败》。如果这两张照片没有标题，让大家通过观察这两张照片来判断这场官司谁是胜者的话，大家一定会感到莫名其妙，因为不管是胜利者梦幻律师团，还是失败者克拉克检察官，他们的表情是一样的沉重！

一场耗时一年多，明星辛普森涉嫌“杀妻”案的审判就此落下了帷幕，曾经的离奇取证，激烈的法庭对峙，还有警方的致命疏忽，再到判决结果的出人意料，这都已经成为了人们热议的焦点，虽然案件已经过去了，但大多数美国人还会再谈及此事，那么他们议论的焦点究竟是什么呢？

辛普森案件审理前后一直有三个问题让群众议论纷纷。第一个问题是，辛普森有罪吗？这个问题绝大多数人都会回答：辛普森有罪。第二个问题是，如果你是陪审员，你会认为辛普森有罪吗？这个问题很多人听了之后要犹豫一下，最后还是会回答：不会。第三个问题是，辛普森是否受到了公正的判决？这个问题恐怕绝大部分人都会认为：辛普森受到了公正的判决。

辛普森“杀妻”这起案件审判结束了，但是辛普森的事还没完。2007年9月13日，辛普森因为涉嫌绑架、抢劫等重罪被美国内华达州克拉克地区警察局逮捕。2008年10月3日，也就是辛普森“杀妻”案宣判之后的整整第13年（辛普森“杀妻”案于1995年10月3日宣判），这一天，美国内华达州克拉克地区法院对辛普森涉嫌的12宗重罪进行了宣判，宣判辛普森构成了抢劫、绑架等罪名，之后判决辛普森服刑33年。

在这起案件中，美联社获得了一段录音，这是关于克拉克地方警察局警察的一段闲谈内容。克拉克地区警察说：“洛杉矶调查辛普森‘杀妻’案的警察不能搞定辛普森，但是，我们可以。”当然这是一句玩笑，但是辛普森入狱之后有很多人都这么说：“这是上天给辛普森的报应！”是吗？只有天知道。

杰克逊变童案

2009年，一代巨星、流行音乐天王——迈克尔·杰克逊突然去世。他死后不久，有一个人突然饮弹自杀身亡，这个人是乔迪·钱德勒的父亲。就是这位父亲，当年指控杰克逊对他的儿子钱德勒进行性侵害。而他的自杀，彻底澄清了杰克逊变童子虚乌有！一个子虚乌有的事情，为何会被搞得沸沸扬扬？当年杰克逊又为何会赔偿2000多万美元平息事端？

第一讲　案发

2009年，一代巨星、流行音乐天王——迈克尔·杰克逊突然去世。他死后不久，有一个人突然饮弹自杀身亡，这个人是乔迪·钱德勒的父亲。就是这位父亲，当年指控杰克逊对他的儿子钱德勒进行性侵害。而他的自杀，彻底澄清了杰克逊娈童子虚乌有！一个子虚乌有的事情，为何会被搞得沸沸扬扬？当年杰克逊又为何会赔偿2000多万美元平息事端？

大家都很熟悉流行音乐天王迈克尔·杰克逊。从20世纪80年代起，这位音乐天才为整个现代流行音乐缔造了一个传奇般的时代，他多次创造吉尼斯世界纪录。与此同时，他也是一位杰出的慈善家。他为慈善事业捐款达到3亿美元，是全世界以个人名义捐助慈善事业最多的艺人，独立支持了世界上39个慈善救助基金会。因此，他受到了全世界的崇拜。全球的“粉丝”多达10亿人，每次现身都会引发社会秩序的混乱。但就在他受到狂热崇拜的同时，人们渐渐发现杰克逊这个人有点奇怪。比如，他是黑人为什么皮肤变白了？他为什么三番五次整容？更让人难以接受的是，他为什么接二连三地传出“娈童”事件？

20世纪90年代，外界传闻，杰克逊与一名叫钱德勒的未成年男孩发生过性行为，媒体也纷纷报道。人们不禁开始揣测，行为古怪的杰克逊难道真的做过这种龌龊的事？那么事情的真实情况又是怎样的呢？

1993年夏天，这个时候杰克逊处于他的事业巅峰期，也正是此时，他遭遇了他人生中的第一次低谷。

有一个叫乔迪·钱德勒的人指控杰克逊，说杰克逊对他进行了性侵犯。杰克逊怎么跟这样一个13岁的男孩子扯上这种关系呢？这件事得从1992年5月开始说起。有一天，杰克逊在洛杉矶独自驾驶一辆敞篷车，戴着一个大墨镜，英姿飒爽，很拉风，很有明星范儿。可是没想到，车突然抛锚了。杰克逊下了车，不知所措。他虽然戴着一个大墨镜，但还是被人认出来了。这个人是附近一家租车公司的员工，他走过来问杰克逊："怎么回事啊？"杰克逊说："车抛锚了。"这个员工一听，兴高采烈地说："太好了，我们公司有车，你跟我到我们公司去吧。"杰克逊同意了。员工立刻给公司的老板打电话："天王杰克逊要来咱们公司了。"老板一听说杰克逊要来，就赶紧给妻子打电话，让妻子把他的儿子和妻子的儿子带过来。妻子的儿子，也就是这个老板的继子，就是乔迪·钱德勒。

当时钱德勒年仅12岁。那么，公司的老板，钱德勒的继父，为什么要特意叮嘱妻子把钱德勒带过来呢？因为钱德勒在很小的时候就喜欢上了杰克逊，把他当成自己的偶像，可以说到了疯狂的地步。怎么说呢？杰克逊的每一张唱片，他都要买，杰克逊的每一首歌的歌词，他都知道，杰克逊的每一个经典舞姿，他都要对着镜子模仿。所以，有这么一个机会与心目中的英雄、偶像近距离接触，他相当兴奋。不过，钱德勒毕竟才12岁，还有些腼腆，有些拘束，有些害羞。虽然偶像就在眼前，但是他没说什么话，关键是杰克逊的名气太大了。好在钱德勒的母亲弥补了这个不足，钱德勒母亲的话很多，滔滔不绝，不歇气，因为她也是杰克逊的粉丝。

后来，杰克逊眼见车子一时修不好，就租了一辆公司的车离开了。离开之前，钱德勒的母亲坚持让杰克逊留下儿子钱德勒的电话，直接把号码写在纸上，递给了杰克逊，希望杰克逊有空能给钱德勒打个电话。杰克逊把纸条收起来，还特意跟钱德勒握了握手说，我会给你打电话的。几天之后，钱德勒母亲接到了一个电话，非常吃惊，居然真是杰克逊打来的。

显然，杰克逊的电话使钱德勒一家非常兴奋。但是，让钱德勒父母意外的是，从此以后，杰克逊和12岁的钱德勒居然交往频繁。一个超级巨星怎会与一个普通男孩往来如此密切？是杰克逊爱心使然？还是另有缘由？

要揭开这个谜底，我们有必要先了解一下杰克逊的童年。杰克逊常常会说自己遗失了童年。为什么这么说呢？他在很小的时候，就进入了演艺界。5岁开始登台表演，8岁的时候，他就和他的4个哥哥组成了一个叫"杰克逊五兄弟"的音乐团，开始全国巡回演出。14岁，杰克逊开始个人发展。从此，他就告别了童年。在1984年，有媒体采访他，问他为什么喜欢和小朋友一起玩？他回答说，因为他从来不能和其他孩子一样，做他们想做的事情，比如交朋友、通宵聊天，他从小就没有朋友。因为当时他缺失了，所以要想方设法补偿这些东西。很多人觉得奇怪，为什么杰克逊周围总是有孩子？因为只有在这些孩子们身上，杰克逊才可以找到他曾经失去的东西。他小时候总是不停地开音乐会，从一场到另一场，像机器一样不停运转，除了工作还是工作；除了音乐会，就是录音棚；除了录音棚，就是电视秀，总有做不完的事情。杰克逊以前热爱演艺行业，现在一样热爱。但人总会有想玩的时候，可惜杰克逊很难有属于自己的娱乐时间。有一次，杰克逊准备出发去南美演出，行李全都打包好了，放在车上准备走的时候，却一个人藏起来哭。因为他真的不想去，他想玩，不想去工作。除此之外，在某次采访中，杰克逊还讲述了他被他父亲虐待的事情。

童年，在杰克逊印象中就是无休止的演出，他向往过同龄人那种普通的生活，但是他的想法却令父亲很恼火，杰克逊的父亲用简单粗暴的方式击碎了他的梦想，这给杰克逊幼小的心灵带来难以弥补的创伤。

很多人也不理解，杰克逊为什么三番五次整容？他对他的鼻子不是很满意，对他的下巴也不是很满意。所以，杰克逊对他的鼻子和下巴做了微整，这两点是杰克逊生前公开承认的。他把鼻子两次整小，为什么呢？是因为他的父亲。他父亲喜欢打他、骂他，暴力管教，而且经常指着他的鼻子说："你这个鼻子又大又难看，根本就不是我的遗传。"因为这个事情，杰克逊从小就很自卑，所以他强烈要求把鼻子整好看一点。他在采访中说："我习惯了不去看自己，我会把我自己的脸藏在黑暗之中，我不想照镜子，我父亲嘲笑我，我恨他这样，我每天都哭。"

心理学上有一个词，叫补偿。人曾经缺少什么、渴望什么，一有机会他就加倍补偿自己。有了这样的经历之后，杰克逊在生活中最想得到的，除了音乐之外，那就是寻找失去的童年。

在 1992 年，杰克逊专门投资建造了一个庄园，叫 neverland，称为梦幻庄园。这个庄园建成之后，杰克逊对外宣布：梦幻庄园对全世界的儿童免费开放，其中患有绝症的儿童优先。在这里，杰克逊给儿童们带来了欢乐。而他自己呢？也可以像个小孩子一样，享受着他在童年失去的一些欢乐。那么钱德勒当然不会例外，杰克逊与这一家人一直保持着很频繁也很平静的交往。

可是，杰克逊毕竟不是普通人，他是天王巨星。媒体对他的动向非常感兴趣。过了一段时间，一些小报就打破了这种平静。

是一片爱心，还是变态行为？新闻报道、娱乐八卦，让杰克逊麻烦缠身！又是谁向杰克逊频频施压？杰克逊为何会屈服于对方的无赖行径？

美国有一家非常有名的八卦小报发布了一则新闻，这篇报道对杰克逊与他身边孩子们的关系进行炒作。报道说：钱德勒是杰克逊在庄园里面收养的一个孩子。这句话引起了钱德勒亲生父亲的不满。他觉得杰克逊对钱德勒的影响太大了，比他自己都大，他认为这涉及一个父亲的面子问题。他把自己与杰克逊进行了一个对比，他看到了差距，很伤自尊。

再后来，又有些小报新闻报道，杰克逊和孩子们躺在同一张床上睡觉。这些八卦小报就这样不疼不痒地说些不负责任的话，而且根本无法追究他们的法律责任。

确实，出于对孩子的一种喜爱，杰克逊的确常常和到他庄园来玩的孩子们在一张床上睡觉，而且还是一群孩子和杰克逊躺在一起。这种做法如果放在其他人身上，比如说一名幼儿园老师，会被认为是年长的人对儿童的一种关心和疼爱。可是这个事情放在天王巨星杰克逊身上，性质就发生了变化。这些八卦小报很乐于研究这样的事情：天王巨星杰克逊，一个成年人和孩子们睡在一起，他们都干了些什么？

媒体捕风捉影的报道，仅仅是为了吸引人们的眼球，而钱德勒的父亲却突发奇想，他打算把杰克逊当作一棵摇钱树。

钱德勒父亲看到媒体报道后，认为杰克逊和儿子的关系太亲密了，亲密得甚至超过了和他这个亲生父亲的关系，所以他感觉很不好，除了嫉妒就是恨。于是，他有时候莫名其妙地打电话给杰克逊，质问杰克逊是不是对钱德勒有性侵犯。杰克逊很生气，说这是不可能的事。这个时候，钱德勒父亲和杰克逊的关系就有些尴尬了，表面上没有再和杰克逊争执此事，继续与杰克逊保持联系，但联系的内容有些变味了。钱德勒的父亲开始隔三差五地要求杰克逊满足他自己的一些个人要求。比如说车要换了，比如说最近心情不好，想出门旅旅游……甚至包括钱德勒家里要盖房子，都要杰克逊帮他们掏钱。这种做法已经超出了他与杰克逊关系的范畴，借非借，讨非讨，也谈不上是勒索，杰克逊自然不愿意次次答应。因此，钱德勒父亲怀恨在心，琢磨着如何下手出重拳。

1993 年 7 月，钱德勒父亲聘请了一名律师，叫拉里费尔德曼。钱德勒父亲希望把他所了解的杰克逊的一些他认为不堪入目、不堪入耳的行为告诉所有人，而且明确要求，这个事情就是要炒作，影响越大越好。

对杰克逊来说，名誉的重要性不言而喻。钱德勒父亲的下流做法无疑切中了杰克逊的软肋，其丑恶嘴脸在一份被公开了的电话录音中展现无遗。

钱德勒父亲曾经非常直白、露骨地谈起这件事情，他说如果他得不到想要的，这件事情可能会越闹越大，后果会很严重，杰克逊会身败名裂。总之，钱德勒父亲的意思：如果杰克逊不满足他的要求，杰克逊就会被彻底毁掉。

钱德勒父亲到底拿到了杰克逊什么把柄？钱德勒父亲曾经是一名牙医，他为儿子钱德勒拔牙，居然给钱德勒注射了大量药性极强的镇定剂——阿米妥钠。钱德勒吃了这种药之后，在父亲的询问下，说出了一些不可思议的事情。钱德勒说杰克逊碰过自己的生殖器！这究竟是怎么回事呢？

阿米妥钠也叫异戊巴比妥钠，是一种药性极强的催眠镇定药剂。它对于中枢神经系统有抑制作用。人在这种药物作用之下，对外界信息会产生一种非常强的敏感性。它可以让人昏昏欲睡，感觉陶醉、放松，感觉很安宁，愿意讲出平常不愿意跟陌生人讲的事情。这个药被认为在审讯犯人的时候具有挤压真相的功效。

从法律上来讲，钱德勒父亲搜集的显然是非法证据。不过，钱德勒父亲如获至宝，把它作为最重要的撒手锏。有了这个东西，钱德勒父亲和他的律师开始向杰克逊摊牌，提出索要 2000 万美元作为庭外和解的条件，否则将对他提起刑事诉讼。钱德勒父亲的这种行为相当于是一种勒索。这个要求，杰克逊方面当然是坚决地、彻底地回绝了。

不过，此时杰克逊正处于音乐事业的黄金时期，他正在进行全球巡演。如果钱德勒父亲申请启动司法调查程序，并且在调查结束后提起刑事诉讼，那么最后不管杰克逊是不是有罪、要不要坐牢，杰克逊都必须全面配合调查、配合案件审理，要跟着这个诉讼程序往下走。这个程序或许会持续好几年，这么巨大的时间消耗确实是杰克逊不能承受的。

最后，通过权衡，杰克逊团队与钱德勒父亲进行了一次谈判。杰克逊方面只同意给钱德勒父亲 100 万美元。钱德勒父亲拒绝了，但他也退了一步，降低了索价。杰克逊也拒绝了，反而把价压低到了 50 万美元以下。于是，双方谈崩了。

1993 年秋天，钱德勒父亲作为钱德勒的法定代理人，正式提起了诉讼，指控杰克逊对钱德勒实施了性侵犯。随后，钱德勒父亲把钱德勒带到了一家精神病医院。在这个医院里，钱德勒居然向医生描述了一些令人吃惊的细节：杰克逊曾经对钱德勒进行亲吻、手淫等所谓的一些性侵犯。为了证明他说的属实，钱德勒还向警方描述了所谓杰克逊生殖器的外形特征。

1993 年 8 月 18 日，洛杉矶警方按照法定程序对杰克逊性侵钱德勒案依法进行刑事调查。那么，钱德勒对杰克逊有关性侵犯细节的描述是否属实？警方对杰克逊采取了哪些措施？请看下一讲：裸体检查。

第二讲　裸体检查

面对乔迪·钱德勒的性侵犯指控，天王巨星迈克尔·杰克逊被迫接受了裸体检查。检查结果，杰克逊的身体却并非控方描述的那样。但出人意料的是，杰克逊却打算花钱消灾，了结此事。究竟是什么原因让杰克逊作出让步？

之前讲到，杰克逊在偶然之间认识了一个叫钱德勒的小男孩。然而这个突然出现的钱德勒给他带来了巨大的麻烦。钱德勒竟然指控杰克逊对他进行了性侵犯。这起“变童”案给杰克逊名声和事业带来了非常不利的影响。

警方开始对杰克逊“变童”案开展调查。没想到，钱德勒的母亲突然要求出来作证，她想证明什么呢？她并没有站在自己儿子钱德勒这一边，而是坚持认为，杰克逊不是那种人，杰克逊不会对钱德勒做出任何出格的行为。

几天之后，洛杉矶警方来到杰克逊的梦幻庄园展开搜查。警察在梦幻庄园挑了几十名儿童，这些都是曾经和杰克逊一起玩耍的孩子。挑了这些孩子，警方开始对这些孩子进行询问，问杰克逊是否有过对孩子们不正常的亲密举动。没想到，这些孩子们都没有发现过，他们觉得杰克逊很好、很正常。最后，警察没有找到他们想要得到的有关“变童”的证据。

在这次搜查后不久，杰克逊方面展开反击。他专门召开了一个新闻发布会，在发布会上，杰克逊方面公开向外界说明，钱德勒的父亲曾经把这件事情作为借口，要挟、敲诈杰克逊，要求赔偿2000万美元。杰克逊方面还说，钱德勒是因为敲诈未遂，才提起诉讼的，钱德勒的父亲就是为了要钱才这么做。杰克逊方面表示，将保留对钱德勒父亲的敲诈勒索行为进行指控的权利。洛杉矶警方马上开始调查，针对钱德勒父亲此前对杰克逊要求2000万美元的行为进行调查取证。不过，这件事情拖了三个月就不了了之了。到11月份的时候，警方对杰克逊家人的住所进行了搜查。同样，警方在这里也没有找到任何能够证明杰克逊娈童的证据。所有的证据都表明，杰克逊没有对钱德勒进行性侵害。

但是，谁也没有想到，突然发生了一件很意外的事情。就像钱德勒的母亲没有站在钱德勒这一边、反倒站到杰克逊这边一样，杰克逊家里也有一个人站到了自己家族的对立面，反过来指责杰克逊。

钱德勒父亲敲诈钱财的意图很明显，人们已经开始相信杰克逊是无辜的了。但就在此时，杰克逊家族内部突然有人公然指出杰克逊有娈童的怪癖。一石激起千层浪，杰克逊一下子陷入了难堪的境地。那么，这位站出来指责杰克逊的人是谁？他为什么要这样做？

这个人就是杰克逊的二姐，拉·托雅。拉·托雅在1989年嫁给了老公兼经纪人戈登。嫁给他之后，她与父亲产生了很深的矛盾，离家出走了。到1993年底，拉·托雅在一次新闻发布会上公开发表声明。她居然公开说弟弟杰克逊坏话，攻击杰克逊，说他有恋童癖。她对到场的记者说："我不能再做杰克逊的同谋了，我不能对他对那些年幼无邪的孩子所犯的罪行保持缄默了。"她说她有杰克逊对孩子违法行为的证据。这究竟是怎么回事？为什么杰克逊的亲姐姐都不放过杰克逊呢？

没过多久，杰克逊的父亲、母亲和其他家人都听说了这件事，都参与进来。他们全都指责杰克逊的二姐撒谎。他们说，拉·托雅和她的老公就是靠这种行为谋生。拉·托雅的丈夫戈登就是一个骗子、暴徒，他不仅殴打拉·托雅，而且还给她洗脑。为了敲诈钱财，他强行把拉·托雅推出来，指控杰克逊。

杰克逊家人的话究竟谁是谁非？一时间众说纷纭。这给杰克逊带来了极为不利的影响。为平息事端，杰克逊被迫作出无奈选择。

拉·托雅发表的一些攻击言论已经深深伤害了杰克逊，已经造成了很大的负面影响。那么，拉·托雅的丈夫、杰克逊的姐夫戈登为什么要这么干呢？当时，其实已经有很多媒体都报道了这件事情，甚至直截了当地说，戈登一直在利用拉·托雅，利用拉·托雅爆料她弟弟杰克逊关于性侵犯的一些事件作交易，而且至少赚了25万美元。

1994年1月1日，洛杉矶法院陪审团举行了一次听证会，证人证词超过了200份。但是对于钱德勒有利的证据几乎没有被采纳。其中，至少有30个男孩已经接受了讯问。而且，这些小孩被警方讯问的方式往往是这样的："其他的孩子已经承认了，你现在也可以告诉我们一切了吧！你现在很安全。"这属于诱供！哪怕如此，一切讯问的结果都是：什么也没有发生！

一边是几乎没有任何证据可以证明杰克逊对钱德勒有性侵犯行为，另一边是杰克逊的身体和精神状况已经到了难以承受的地步。因为这起诉讼的调查太耗费时间，杰克逊工作又繁忙，所以双方开始慢慢地走向庭外和解。1月25日，杰克逊与钱德勒父亲方面达成了庭外和解。杰克逊将支付给钱德勒一家三口以及钱德勒的律师费尔德曼2200万美元。

一方面，针对杰克逊的指证并没有得到确认，而另一方面，杰克逊居然花费巨款平息事端。对此，人们很不理解，这究竟是为什么？这其中的苦楚和遭受的伤害只有杰克逊自己明白。

这起案件为什么走向庭外和解？杰克逊他到底性侵犯了钱德勒没有呢？如果没有性侵犯，他为什么愿意花这么高昂的代价进行和解？支付

2200万美元，要不就是杰克逊心虚，或者有难言之隐。确实如此，这里有一个非常尴尬的情节，让杰克逊不得不投降。

1993年12月20日，警方要求对杰克逊进行一次特殊的检查。什么检查呢？裸体检查。他们要证明一件事情，证明钱德勒对于杰克逊生殖器的描述，是凭空捏造的。如果说钱德勒先前指控杰克逊是因为服用了异戊巴比妥这种催眠药物而神志不清的话，那么后来发生的事情肯定是他本人清醒的时候真实意思的表达。就在洛杉矶警方搜查了庄园，马上对钱德勒进行审问的时候，钱德勒不但重复了先前的供词，而且还添加了很多令人意想不到的奇怪细节。钱德勒居然提供了对杰克逊裸体的详细描述，以此证明他关于曾经发生过性关系的说法。他说，在杰克逊的臀部有明显的斑点，生殖器上也有一个斑点。这种斑点是浅色的，与杰克逊脸上的斑点类似的颜色。为了说明真实性，钱德勒甚至画了一个样图。他还说杰克逊的臀部有一块棕色的斑点，臀部的左半部几乎全部都是。

钱德勒的指控让杰克逊无语了。他无奈地说，他和孩子们一起游泳更换衣服，或许钱德勒见到过自己裸体的样子。而案件的检察官史奈顿对此却表现出极大的兴趣。

史奈顿检察官非常清楚，如果对居住在他这个辖区的天王巨星提起指控的话，意味着这是一个让自己出名的千载难逢的好机会。所以，他极力搜寻一些平常裸体时看不到的东西。他的意思是，既然钱德勒所描述的特征杰克逊认为是换衣服的时候才能看到，那么，我就找出一些只有发生亲密关系才能看到的身体特征。如果找到了这样的特征，杰克逊恐怕是无法抵赖了。于是他向法官提出要对杰克逊进行裸体检查。可是，这件事情并不是那么容易。杰克逊聘请了一名非常厉害的辩护律师，他叫柯克兰。柯克兰听说史奈顿要对杰克逊进行裸体检查，非常生气，这显然带有一定的侮辱性。一个天王巨星让你进行一次裸体检查，哪怕没有查出什么名堂，哪怕是清白的，也被你弄得不清不白了。于是柯克兰说："这件事是不可行的，除非你史奈顿从我的尸体上踏过去。"史奈顿也是个非常倔强的人，硬是说服了一名高级法官，让这个高级法官签发了身体搜查令，允许对杰克逊的下身进行拍照，用来确认与钱德勒描述的是不是相吻合。柯克兰律师就跟史奈顿检察官进行博弈，最后敲定了方案。大体是这样的，第一是关于检查地点。这个权利归杰克逊，他可以选择检查地点。第二是关于在场人员。经过双方谈判，只可以有一名侦探，一名医生，还有一名摄影师在场。附近不能有女性。第三就是关于保密问题。柯克兰律师提出，整个过程一定要严格保密。但是经验老到的检察官史奈顿隐瞒了他的真实用意。在这次谈判中，柯克兰律师和杰克逊一直都不知道史奈顿检察官搞这个裸体检查，他到底想从杰克逊身上找什么东西。

杰克逊期望尽早结束这场闹剧，相反，检察官史奈顿却乐此不疲，那么他打算通过对杰克逊的裸体检查达到什么样的目的呢？检查的结果又会是怎样的？

1993 年 12 月 10 日，杰克逊从国外飞回，准备接受他这一生中最屈辱、最痛苦、最无奈的考验。虽然杰克逊多次向柯克兰表示，这是一件侮辱人的事情，他不愿意这么干。但是柯克兰律师是很精明能干的，他告诉杰克逊："如果你拒绝配合的话，后果很严重。至少会有报纸向你提出问题：你为什么不接受检查，你想隐瞒些什么？这样你就正好落入了对手的圈套。所以关于裸体检查，虽然你不愿意，但仍然要配合。"

1993 年 12 月 20 日，检察官史奈顿在两名侦探和一名皮肤学专家的陪同下，来到了杰克逊的庄园，来到杰克逊的房间。这个时候的杰克逊穿着一身浴袍，在自己的家里都显得非常拘束。他坐在椅子上，神情极不自然，惴惴不安地等待着这些人来进行裸体检查。首先，两名警官做了自我介绍，并且表示尽可能让裸体检查的过程不那么痛苦。杰克逊身边的一名代理律师接过了身体搜查令，一边看一边露出了非常惊慌的表情。搜查令上写得非常清楚，检察官史奈顿要求专门针对杰克逊的下身进行检查和拍照，然后与钱德勒描述的内容进行比较。而杰克逊和他的代理律师之前只是认为，裸体检查也就是脱光了衣服，像体检一样，让检查人员看一看，拍拍照即可，这也够难为情的了。可是，他们怎么都没有料到，这次裸体检查，其实就是专门针对杰克逊下身而进行的局部检查。也就是说，打着身体搜查令的幌子，强行对杰克逊的下身拍照取证。

检察官史奈顿到底是什么用意？杰克逊生于美国印第安纳州，本身是黑人。不过后来他的皮肤越来越白，很多人都说他是叛徒，说他漂白了自己的皮肤，背叛种族，"颠覆"黑人身份。这件事情一直被媒体争相报道，引发了持久的争议。真相是杰克逊并没有漂白自己的皮肤，他的肤色由黑变白，是因为他得了白癜风这种怪病。他的皮肤变白，并不是他自己愿意这个样子。杰克逊死了以后，他的尸检报告也证实，他确实患有家族遗传的白癜风，这种疾病可以破坏皮肤中的黑色素，造成皮肤色素失调。所以，杰克逊身上的皮肤容易形成白斑，他的肤色就是黑白相间的皮肤。因此，他每一次出场表演，都要把皮肤化妆成全白。

正是因为如此，检察官史奈顿才对钱德勒描述的内容很感兴趣。他认为这是非常独特的特征，如果他们不是发生了亲密行为的话，钱德勒不可能知道得如此细致。当杰克逊的律师宣读完这个搜查令内容的时候，杰克逊简直是怒气填胸，难以接受。

杰克逊原本以为仅仅是简单的检查，但没想到搜查令里所规定的检查内容非常烦琐，简直就是对他进行人格侮辱，然而在具有法律效力的搜查令面前，杰克逊迫不得已最终还是接受了检查。

警方、医生、摄影师对杰克逊进行了长达 25 分钟的裸体检查。这次裸体检查给杰克逊的身心健康造成非常大的影响。医生和警方对他身体的各个部位进行了详细检查，对其生殖器、臀部、肛门等部位进行了拍照、录像。裸体检查之后，杰克逊的精神受到了严重的打击，厌食、失眠、噩梦越来越严重，对镇痛药、失眠药和催眠药产生了依赖性，这对他的身体造成了极大伤害，短短几个月体重下降十几斤，同时精神上的伤害也是不言而喻的。杰克逊从此留下了心理阴影，直到死，这个阴影都没有消除。

那么这次裸体检查是什么结果呢？1994 年 1 月，《今日美国》和路透社引用执法部门的消息说，杰克逊生殖器区域照片反映的特征，与指控他有不当性行为的钱德勒所供述的特征，是不相符合的。也就是说，钱德勒的描述不实。

这次裸体检查使杰克逊的精神状态和身体健康状况持续恶化。他身边所有的工作人员都担心他的身体扛不住这场旷日持久的审判和调查。所以他们建议杰克逊跟钱德勒一家人庭外和解，尽快了结此案。对方纯粹是为了钱耍无赖，杰克逊方面跟他可耗不起。尽管这次裸体检查没有达到他们想要的效果，可是，谁知道他们下一步会想出什么更恶劣的招数呢？杰克逊也确实是心力交瘁，最后不得不同意，说白了就是花钱消灾。在媒体问到他为什么会用如此高的代价来终止这场官司的时候，杰克逊说："我希望你们所有人都不要用看一个罪犯的眼神来看我，因为我是无辜的。这是一次毫无人性、令人耻辱的检查，它将令我终身蒙羞。我忍受它，是因为我能够用它来证明我的清白。现在，我想尽快结束这件事情，因为媒体喜欢过分炒作，我不希望他们来戏弄我，我被他们折磨得心烦意乱。"虽然这起被传得沸沸扬扬的案件最后以双方和解而告终，但是，后来有民意调查表明，85% 的人认为杰克逊是清白的，只有 7% 的人认为杰克逊可能存在所谓的"不端行为"。

2200 万美元终于满足了钱德勒父子的要求，这起被传得沸沸扬扬的"娈童"案终于结束了。其实，杰克逊也并不是人们想象中的那样有着花不完的钱，他最后还是通过分期付款的方式，直到 1999 年才全部付清。从此以后，钱德勒父子过上了富足的生活。而杰克逊经过这场所谓的“变童”案诉讼，失去了很多东西。他的健康，他的事业，他的尊严，他的声望，等等，为他带来了不可消除的负面影响，直到他去世。

凡事就怕一而再再而三，谁也没有料到，十年之后，杰克逊又一次陷入了变童纠纷。如果说 1993 年的“变童”案杰克逊是为了平息一场纠纷而花钱消灾的话，那么十年后的这次变童案，杰克逊跟原告是不折不扣地杠上了。这第二次“变童”案又是怎么回事呢？请看下一讲：再遇敲诈。

第三讲　再遇敲诈

1993 年杰克逊遭遇“变童”案风波，不想时隔十年，相似的情形再次发生。杰克逊面临更为猛烈的指控，这一次他决定不再妥协，但是让他意想不到的是，他为此付出的代价更为巨大。

前边说到，杰克逊遭到 13 岁的男童钱德勒控告之后，被检方强制进行了裸体检查。受尽了屈辱的杰克逊不得不果断花钱消灾，了结这一起“变童”案。然而时隔十年，相似的事情发生了。又是一个男童，13 岁的男童，以相同的罪名对杰克逊提起了指控。

关于 2003 年这起“变童”案，主角是一位名叫加文·阿维佐的癌症病童。在 2000 年，这个孩子被诊断为晚期癌症，他的脾脏和一个肾脏已被切除。杰克逊知道这件事之后，帮助支付了加文的医疗费用。医生说，加文最多只能活一个月。加文是杰克逊的忠实粉丝，当他得知过一个月即将死亡这个消息之后，说出了他的一个愿望：他十分想见杰克逊。家里想方设法找人帮助加文实现了这个心愿。这个人是一位热心公益事业，同时也帮助加文支付过医药费的一个商人，他叫杰米。

其实杰米根本不认识杰克逊，但是他抱着试一试的态度，往梦幻庄园打了电话，把情况说了一下，问他们能不能安排杰克逊满足加文的这个最后愿望。没想到居然成功了，杰克逊给加文打电话了。就这样，加文和他的家人通过杰米认识了杰克逊。家里人也相信，是因为杰克逊的出现，才让加文后来能够战胜癌症一直活下去。

从20世纪80年代起，杰克逊就开始投身慈善事业，到2003年，杰克逊的慈善捐款已多达上亿美元，而这个身患绝症的小男孩加文，只不过是杰克逊所帮助的无数人之一，但是让杰克逊意想不到的是，这个小男孩让他再一次身陷窘境。

本来这是一件非常简单的事情，但是，一名英国记者的出现，使这件简单的事情变得复杂起来。记者叫马丁·巴舍尔，他拍摄了一部纪录片名叫《与迈克尔·杰克逊共同生活》。这部纪录片是记录杰克逊如何帮助癌症患者加文战胜病魔的，不过，这名记者并没有把重心放在杰克逊如何帮助加文树立信心、战胜癌症上，而是把重心放在了两个人的关系上。记者想表达一个什么样的关系呢？纪录片中，他不停地结合某些画面，暗示杰克逊和加文在同一个房间里睡觉、过夜的事情。

其实，在此之前，加文和他家人并没有对杰克逊不满，他们不满的是记者马丁。纪录片播出之后，很多其他的孩子们都看到了，就取笑加文。他们说："你跟杰克逊上了床。"这话听起来肯定是很不舒服，这些说法不仅在孩子们之间传，媒体有时也凑下热闹。加文的妈妈怕对孩子成长不利，也受不了这种生活氛围，甚至一度隐居起来。

而且，关于对杰克逊的看法，加文妈妈曾经对媒体说："我的三个孩子跟杰克逊相处得都非常好，杰克逊就像他们的父亲一样，很爱护他们。他和我们在一起，就像是一家人。"加文妈妈还表示，对于记者马丁的这种行为，将保留对其采取法律行动的权利。加文本人也对这件事情非常不满，因为马丁没有经过自己同意就把这些视频在全球范围内播出去了。

关于这个纪录片，播出之后产生了极大的反响，也产生了激烈的争议。就纪录片播放的情况，杰克逊与孩子睡在同一张床上，有没有问题呢？根据加州法律，一个成年人跟一个孩子睡在同一张床上，并不是犯罪。除非有证据证明，确实有侵犯性的行为。显然，马丁的纪录片从法律上不能证明杰克逊有不端行为，但是在事实上却又引导人们朝这个方向去猜测。

当然，这件事情最关键的问题还是在于所谓“受害人”的态度。按当时的情况，加文妈妈和加文都是站在杰克逊这一边的。可是，过了不久，情况出乎意料地发生了逆转。加文妈妈先前向媒体表态，向公众声称，要状告马丁。后来她还真找了一个律师，这个律师是谁呢？叫菲尔德曼。菲尔德曼就是1993年杰克逊第一次变童案中支持钱德勒状告杰克逊的律师。显然，敌人再次出现了。

加文妈妈的态度为何会突然转变？十年前的那场变童案是否有着某种示范效应？十年前帮助过钱德勒打官司的人悉数登场，这难道是巧合吗？

果然不出所料，2003年6月，圣巴巴拉郡地方检察院着手调查杰克逊的第二起“变童”案。同样让人意料不到的是，负责这起案件的首席检察官，仍然是1993年“变童”案的检察官史奈顿。是不是这些人故意跟杰克逊过不去？针对这个问题，有位记者对史奈顿检察官进行了专访，开门见山地问史奈顿检察官：“你是不是跟杰克逊世代有仇，所以才会这么执着地对付他？”史奈顿检察官只说了一句非常官方的话：“我这只是例行公事。”这句话没说多久，就发生了一件事情，这件事情争议非常大。

2003年11月18日，来自圣巴巴拉郡地方检察院和治安部门的七十多名调查员拿着一纸搜查令，似乎是从天而降，突然来到杰克逊的梦幻庄园。它的争议在于，这次出动的执法人员比美国历史上任何一次严重的刑事犯罪出动的人员都要多，所以这个举动受到了美国各个阶层的质疑，甚至谴责。这还没完，当地检察院还在网上专门设立了一个网站，他们在网站上宣布：任何公民，只要有相关线索，或者说受过杰克逊侵犯，或者说对杰克逊不满的人，都可以尽情地举报。

检方对杰克逊的调查大动干戈，并且带有明显的倾向性，原因何在？或许只有检察官自己知道。他们究竟会罗织出什么样的罪名来起诉杰克逊呢?

检察院为什么会采用这种手段呢?从他们当时掌握的情况来看，这次所谓的“娈童”事件也是没有真凭实据的，仅仅只是那部纪录片中反映杰克逊和孩子在同一张床上睡觉。从法律上分析，杰克逊的行为是没有问题的。所以，如果真想找到杰克逊的问题，必须要发动群众，才有可能达到目的。

在做完这些事情之后，圣巴巴拉郡警方以杰克逊涉嫌猥亵儿童等多项罪名为由，直接向杰克逊发出了逮捕令。过了两天，杰克逊就被带到了法庭。值得一提的是，这一次天王巨星杰克逊是戴着手铐被警察带到法庭的。与十年前的那一次指控相比，这一次暴风雨来得要更加猛烈一些。不过，这一次杰克逊坚决拒绝用与上一次同样的方法来解决这次指控，他不想搞庭外和解了。上一次花了 2200 万美元，这一次他说:“对于这一次诬蔑和玷污我名誉的行为，我绝不妥协，而且会坚持到底!”

2003 年 12 月 18 日，杰克逊正式接到法院传票，涉嫌多种罪名，比如涉嫌猥亵儿童，涉嫌在儿童的饮料里面下药，并企图进行猥亵，等等。按照加州的法律，这些罪名一旦成立，杰克逊有可能被判最高 24 年的有期徒刑。

2004 年 1 月 16 日，杰克逊所谓的“娈童案”审判程序开始了。传唤、出庭、答辩、提起诉讼，然后又增加了一些涉及儿童绑架、非法监禁和勒索的罪名。美国宪法规定，受审中的公民有权要求拥有他同族人的陪审团。不过，杰克逊在法庭上抬头看了一看，他想知道决定他命运的 12 个陪审员都是些什么人。当他抬眼望过去的时候，这 12 个陪审员里没有一个是黑人同胞，这 12 个人是从 200 个人里挑选出来的，年龄从 19 岁到 79 岁的 4 男 8 女作为陪审团的最终成员，其中没有一张黑人的脸。

由于杰克逊拒绝庭外和解，坚持走司法程序，对于他这样一位国际巨星来说，旷日持久的调查、取证、庭审让他身心俱疲，损失巨大，他的坚持也出乎了控方的预料。案件拖了整整两年之后，不得不进入最后的判决阶段，这又是一场怎样的判决呢？

这场审判经历了4个月才有了最终判决结果。在美国陪审团制度里，法官没有判决权，只有量刑权。最终的判决权，也就是关于罪与非罪的问题，生杀大权是掌握在陪审员手中的。那么杰克逊到底犯了娈童罪没有呢？请看下面原告一家的证词节录。如果你是陪审员，你看了这样一些证词之后，你该如何去判决？首先，有必要说一下杰克逊在此案中被控的四种罪名：

一、娈童罪（四项）

二、娈童未遂罪（一项）

三、向未成年人提供酒精罪（四项）

四、阴谋罪（一项）

总共是十项罪名，这所谓的“阴谋罪”是指检方指控杰克逊伙同五名助手（这五个助手，都被免于起诉了）阴谋绑架男孩全家，以达到娈童的目的。

下面我们再摘录一些法庭调查的场景。这些是原告一家在法庭上接受辩方律师盘诘时的一些证词。

首先是男童加文的弟弟斯达，号称“唯一案情目击者”。关于向未成年人提供酒精罪以及娈童罪的证人就是斯达。斯达说，他和他的家人一起在杰克逊的梦幻庄园里作客的时候，杰克逊给他和他哥哥加文酒喝，还给他们看色情杂志。斯达还说，我曾经两次亲眼目睹杰克逊对我哥哥加文进行性侵犯。这两次都是他三更半夜睡不着起来闲逛，正巧逛到杰克逊的套房里，在杰克逊的卧室门外偷偷看到的。

关于色情杂志，辩方律师拿出了一本色情杂志——《阁楼之出轨边缘》，这是美国合法出版的成年刊物。检方声称这是在杰克逊床底下搜到的，上边有杰克逊和加文兄弟俩的指纹，此即检方所谓的重要物证。他们指控杰克逊以这本色情杂志引诱加文，然后对加文进行侵犯。辩方律师拿着这本色情杂志开始对加文的弟弟斯达提问："杰克逊从来没有给你看过这本色情杂志是吗？"斯达说："他给我看过。""你确定是这本杂志吗？""我确定。"此时，辩方律师转向陪审团说："这本杂志是 2003 年 8 月份发行的，而原告一家人最后一次离开梦幻庄园是在 2003 年 3 月，从那以后再也没有回去过。杰克逊和原告兄弟俩最后一次在一起的时候，这本色情杂志都没有刊发出来，他怎么可能和原告兄弟俩一起观看这本杂志呢？"

虚假的证词，难以混淆视听。然而胜诉之后，杰克逊没有一丝胜利的喜悦，反而变得消沉，这究竟是为什么？

关于这一次"娈童"案，法庭上基本上没有看到任何可靠的物证，都是一些证人证言，而且都是自相矛盾、漏洞百出的证言，根本经不起推敲。随着案情的公开，关于原告加文一家人的详细情况，甚至他们一家人以前一些不太光彩的事情也被慢慢地披露出来。

杰克逊的律师说，加文一家人指控杰克逊，纯粹是一种报复行为。因为他们明白杰克逊不可能长期给他们提供生活费用，杰克逊不是一个稳固的、可靠的经济来源，所以他们想从杰克逊这里得到一次性支付。在整个官司过程之中，加文一家人被描述成为惯性的、企图勒索名人的一群人。先说一下加文妈妈，她曾经涉嫌欺诈，也曾经涉嫌盗窃。

1998 年 8 月，加文一家人因为涉嫌在商场里盗窃商品被扣留，并被起诉。后来加文妈妈反咬一口，她说："当我被扣留的时候，我受到了三名保安人员的暴力对待。"后来事情过了两年，加文妈妈又发起一项指控，她指控其中一名男保安对她进行了性骚扰，抚摸她的身体长达 7 分钟之久。这件事情过去两年了，现在控告保安抚摸她的身体长达 7 分钟，这事怎么可能扯得清？最后这家商场与加文妈妈达成庭外和解，向她赔偿了 75000

美元。

我们再看一下加文的父亲，加文的父亲本身就是劣迹斑斑的人。2002年他被指控虐待配偶，2003年他被指控对儿童施暴。还有一名证人，是原告加文父亲的一位朋友，他常常借给加文父亲钱，但是加文父亲还是贪得无厌地索要更多的钱。另外有一个证人补充了这件事。他说，有一次，加文父亲试图向那位朋友要钱，那朋友不愿意给，加文父亲就硬说那个朋友偷了他们家500美元。通过这些证词，也能反映出加文这一家人的德行和惯用行为方式。

所以在审理期间，原告加文那边的证人不仅证词破绽百出，关于他们一家人的一些不利证据也越来越多。而现场的12名陪审员，一方面没有看到杰克逊涉嫌娈童罪的证据，另一方面却看到了这些乱七八糟、漏洞百出的所谓“证据”，还有原告一家人劣迹斑斑的品性，那么陪审员作出的判决是可想而知的。

美国东部时间2005年6月13日，历时长达一年半之久的杰克逊“娈童”案，应该说是第二次所谓的“娈童”案，经过四个月的审理终于尘埃落定。法院认定，指控杰克逊的十项罪名全部不成立。宣判的时候，整个法庭鸦雀无声。而杰克逊本人可以说是崩溃了，走出法庭的时候情绪已经失控。但是他只是用他颤抖的手擦拭自己的眼泪。此时，他的粉丝在外面等他，高举着一块大牌子，上面写着：“杰克逊，我们向你道歉，以人类的名义！”

离开了法庭，了结了“娈童”案，此时杰克逊万念俱灰，一心只想离开美国这个伤心之地。可是，后来他一直待在洛杉矶没走，直到四年之后他突然死亡，永远地留在了美国。那么，到底是什么原因让杰克逊没有离开这个让他欢喜让他忧的国度？他最后的离奇猝死，究竟有哪些不为人知的玄机呢？请看下一讲：杰克逊之死。

第四讲　杰克逊之死

2009年，天王巨星迈克尔·杰克逊突然去世。他生前毁誉参半，他的很多行为让人难以捉摸，而他死后，他的死因再次成为公众的焦点。是自然死亡还是谋杀？随着官司的了结，事情似乎清晰明了，但是人们心中的疑问却越来越重，究竟是谁让一代巨星过早地离开了我们？

2009年6月25日，天王巨星迈克尔·杰克逊在洛杉矶一家医院骤然离世。美国《洛杉矶时报》是这么说的：当天下午，杰克逊因心脏病引发深度昏迷，被送入洛杉矶加州大学医疗中心。不久医生正式宣布，这位50岁的流行乐坛巨星不治身亡。

关于杰克逊的葬礼：美国当地时间7月7日，来自世界各地的70万歌迷来到洛杉矶现场为他送别。全球10亿观众收看了追悼会的现场直播。这个场面和规模超过了当年戴安娜王妃的葬礼。正当大家都沉浸在悲痛之中的时候，杰克逊家人突然的爆料让世人惊讶不已。

杰克逊的家人竟然说，杰克逊并非死于心脏病，而是被谋杀的。此话一出顿时引起轩然大波，警方也随即介入调查。不久之后，杰克逊的尸检报告和死前的细节被一一披露。

验尸官的验尸报告透露出令人吃惊的细节。报告说，杰克逊本人已经瘦得不成人形了，就跟骷髅差不多。身高178厘米的杰克逊由于长期厌食，死时体重仅37公斤。解剖发现他的肚子里没有食物残渣，有的却是一堆药丸。杰克逊的身体可以用四个字来概括——千疮百孔。他的头上只有一些很稀疏的短毛，事实上他已经秃顶了，所以他平常都是戴着假发；他的左耳旁秃掉了一大块，这可能是1984年给百事可乐做广告时意外被火烧伤的；他断了四根肋骨，因为抢救不专业造成；他两边的膝盖都有烧伤；他的背部有一些新的伤口，有可能是最近曾经发生过摔伤；他的鼻梁已经没了，鼻子右边塌了一大块。还有，他的臀部、大腿、肩膀、嘴唇和眉毛都是针孔，这些应当是他常年打止痛剂留下来的痕迹。这么些年，他每天都要注射3次以上止痛剂。此外他的脸部留下了多次整容的痕迹，他至少做过13次整形手术，脸部布满了纵横交错的做过手术的痕迹。

我们可以了解一下，杰克逊死亡之前发生了什么。6月25日凌晨1点30分左右，杰克逊躺在床上翻来覆去睡不着。他的私人医生帮他服用了两片安定药物，还是没睡着。凌晨2点，杰克逊叫私人医生给他打了一针氯羟安定，氯羟安定适用于治疗焦虑症以及由焦虑或者暂时心理紧张所引起的失眠症。到了凌晨3点钟，杰克逊没睡着，于是再打了一针咪唑安定，咪唑安定也是一种抗焦虑、镇静、安眠、保持肌肉松弛的药物。

到了5点钟和7点半钟，他还是睡不着，又分别注射了一次安定，每次都是2毫克或3毫克，不管用。到了上午10点40分左右，他急了，又打了一针，打的另一种药，叫异丙酚，打了多大剂量呢？私人医生说是25毫升，而尸检报告说的是150毫升。异丙酚是什么东西？我们后边会详细地解释。这一针打下去，杰克逊睡着了，是永远睡着了。后来私人医生出去了，再后来不知道发生了什么。

于是，警方调取了现场的电话记录。从11点51分开始，私人医生给别人打了10分钟的电话，随后发现杰克逊停止了呼吸。12点12分，私人医生打电话给一名保安求救，然后另一名保安跑进房间时，看到私人医生在给杰克逊进行人工呼吸。12点21分，私人医生此时才让保安拨打“911”求救。12点30分，急救人员来到现场，发现杰克逊身体已经变凉。急救医生询问私人医生使用了什么药物，私人医生对异丙酚只字不提。在医院抢救期间，抢救的医生再次问私人医生用了什么药物，私人医生仍然守口如瓶。随后私人医生不知去向。下午 2 点 26 分，医院正式宣布杰克逊死亡。

杰克逊的家人将矛头指向了私人医生，警方调查也显示，私人医生身上疑点重重！那么杰克逊的死是否真的和私人医生有关？这个私人医生究竟是何许人？

私人医生叫康拉德·莫里，1956 年 2 月 19 日出生，心脏病学家。就职于休斯敦的阿姆斯特朗医疗中心。在 2008 年 10 月，杰克逊的一个孩子发烧，杰克逊的爸爸就把莫里介绍给杰克逊认识了。2009 年 3 月，莫里开始为杰克逊工作。有消息说莫里开价是每年 500 万美元，但是最终他和杰克逊谈好的是每个月 15 万美元。

杰克逊高薪雇用的私人医生莫里，在杰克逊生命的最后阶段，究竟干了什么？他的行为是否就是导致杰克逊丧命的原因？警方的调查线索显示，莫里身上疑点重重。

我们从侦查的视角来分析案情，可以发现有很多疑点。

疑点之一：异丙酚。异丙酚属于违禁药品，通常是用在为患者做手术之前让患者休眠，从而感觉不到疼痛，它不是用在失眠症上的。

疑问之二：异丙酚的药量。这种危险非常大、足以置人于死地的药剂，莫里作为医生居然在没有任何救护设施的情况下大量使用。这一点任何医生都会很慎重，但在杰克逊房间没有看到一些必需的救护设施。

疑问之三：对异丙酚的隐瞒。在医院全力抢救暂停呼吸的杰克逊的过程中，莫里居然没有告诉医院方面自己在这之前向杰克逊注射了大剂量的异丙酚，这个事实他没有说。换句话说，医院的医生所谓的紧急救助，全都是无用功。事后莫里向警方交代使用异丙酚的剂量是 25 毫升。但事实上，尸检时确定下来的是 150 毫升。后来莫里说："25 毫升异丙酚不会达到致命的程度。" 他说："可能是杰克逊自己给自己注射了过量的异丙酚。" 那么既然 25 毫升是安全剂量，他为什么要隐瞒呢？

2010 年 2 月 8 日，莫里接受了洛杉矶当地一家法院的传讯。洛杉矶地方检察官办公室指控莫里对杰克逊之死负有过失杀人的责任。但是莫里的律师也做了无罪辩护。在交付了 75000 美元保释金之后，莫里被允许取保候审。

莫里辩称，可能导致杰克逊死亡的过量药物，是杰克逊自己注射的，他并不知情。法庭对莫里的判决令杰克逊的家人非常不满，并随即上诉。而随着调查的深入，杰克逊死亡前的生活工作状况也逐渐被人们得知，1993 年和 2003 年两次"变童"案对杰克逊打击很大。

特别是第二次"变童"案，对杰克逊的打击是致命的。从这次"变童"案之后，在杰克逊心目中，最纯洁的孩子们也都离他远去了。他的精神状态已经到了崩溃的边缘，而且旷日持久的审判透支了他的身体，加重了他对药物的依赖，身体垮了、精神消沉了，财政危机也日益严重了。杰克逊死亡之前，他的财务状况是一团糟。第二起"变童"案对他事业的影响是无法估量的。何况诉讼前他的事业就已经不怎么被看好。在 2009 年春天，有一位熟悉杰克逊财务状况的人说，杰克逊欠着索尼公司好几亿美元。在那时，没有哪家银行愿意借钱给他。于是，虽然他的身体状况不太好，但还是被迫开始准备巡回演出。从他的身体实际状况来讲，全球的巡回演出根本就是一个不可能完成的任务。那些经纪人说服了杰克逊，说这一次巡回演出是全世界有史以来最盛大的歌手复出演唱会，他们保证演唱会的门票卖得脱销。

一方面是经纪人的劝诱，另一方面是歌迷的热情。杰克逊以为，如果能从这次演唱会中像英雄一样成功崛起，他将再一次成为音乐之王，东山再起。于是，那些经纪人在伦敦给他安排了十场演出。不久以后，这十场演出就变成了五十场。了解杰克逊的人都知道，他根本无法完成十场演出，更不用说五十场了。此时杰克逊也不可能取消这些演唱会了，因为存在着巨大的财务风险。同时，取消演唱会也会成为别人的笑柄。他彩排的时候经常因为身体原因取消或中断彩排。在杰克逊死前一个月，他告诉他的家人，他只有几周的时间可活了。他曾把女儿叫到自己房间说，如果自己活不到父亲节那一天，请你不要气恼。他有预感自己已经不行了。可是不幸的是，没有人愿意帮助他。就连他最亲密的顾问，也尽可能用药物、毒品和一些虚假的希望控制他，确保他不要放弃这次演唱会。

巨星杰克逊在周围人的眼里，似乎已不再是一个人，而是一个赚钱的工具，他的身体状况也没有人关注，在他生命的最后时刻，陪伴他的私人医生莫里是否尽到了一个医生的本分呢？杰克逊的死又该由谁来承担责任？

2011 年 4 月 14 日上诉开庭。检察官表示，有新的证据能够证明莫里医生存在着严重失职。身为私人医生，他应当全心照料杰克逊。调查发现，当晚杰克逊去世之前，莫里不仅同一位女士通过电话，同时还与三位不同的女士发短信。此时哥伦比亚大学的一名教授沙菲尔在庭上宣称："杰克逊的私人医生莫里公然违反美国相关法规中的十七条护理标准，并且直接导致了杰克逊的死亡。"他对莫里无法提供治疗记录表示不理解。沙菲尔认为，没有治疗记录是对杰克逊治疗权的侵犯，杰克逊有权知道自己服用了什么药物。沙菲尔教授还说："没有治疗记录，家人就不会知道哪里的治疗出了问题。"

2011 年 11 月 7 日，全世界都在关注的一代天王迈克尔 · 杰克逊死亡案件，在经历长达两年多的调查和审理之后，终于有了结果。在庭审现场控方开庭陈辞部分，首席检察官说："迈克尔 · 杰克逊错误地信任了莫里导致自己丧生。”杰克逊的起诉律师说:“莫里当时多次严重失职。没有向杰克逊提供适当的护理，直接导致了杰克逊的死亡。他的问题有这么几个:在毫无安全保证的前提下，给杰克逊注射了危险剂量的镇静剂异丙酚。没有及时拨打‘911’求助电话，而是在发现他失去意识之后，还无故拖延了宝贵时间。欺骗并隐瞒了他将异丙酚作为催眠药给杰克逊使用的状况，最终导致了杰克逊死亡。”控方死死地抓住了一点，莫里给杰克逊注射异丙酚这种方式严重违反了护理条例，而且他这么做是在秘密地进行一种实验。最后，洛杉矶当地法院的法官根据陪审团的意见宣判，私人医生莫里过失杀人罪成立。11 月 30 日凌晨，法官宣布莫里获得了最为严厉的四年监禁。至此，杰克逊的死因经过长达两年多的审理，总算画上了一个句号。

杰克逊死亡之后，发生了三件事情。第一件事情，2009 年 6 月 25 日，这是杰克逊去世的当天，美国总统奥巴马通过白宫新闻发言人表达了哀悼，并且说:杰克逊是我的偶像。美国的众议院当天也暂停了辩论，集体默哀。

第二件事情，2009 年 6 月 29 日，杰克逊死亡四天之后，第一起“变童”案的原告钱德勒，那个时候已经 29 岁。他在一份录音中坦承实情:“我从没有想过要撒谎并毁坏杰克逊的声誉，但是我爸爸为了钱让我撒谎。”

第三件事情，2009 年 11 月 5 日，杰克逊死亡四个多月后，第一起“变童”案原告钱德勒的父亲，开枪饮弹自杀。

泰森强奸案

迈克尔·泰森是拳击史上最年轻的世界重量级拳王，他像闪电一样击倒对手，所向无敌！然而，正当他事业如日中天的时候，却突然因为一起强奸案导致身败名裂！这起左右拳王一生命运的强奸案背后，都有哪些鲜为人知的内幕？

第一讲　被女人击倒的拳王

迈克尔·泰森是拳击史上最年轻的世界重量级拳王，他像闪电一样击倒对手，所向无敌！然而，正当他事业如日中天的时候，却突然因为一起强奸案导致身败名裂！这起左右拳王一生命运的强奸案背后，都有哪些鲜为人知的内幕？

1966 年，泰森出生于美国纽约市，出身贫寒的他有着过人的拳击天赋。1986 年，他刚刚登上拳坛，就快速击败了前世界重量级拳王。两年之后，他更是囊括了世界三大拳击组织比赛冠军的头衔。他疾风暴雨般的拳击风格让对手望而生畏，让观众为之倾倒。不过，年轻的泰森在生活中却经常惹是生非：由于粗暴蛮横的行事风格和不检点的生活作风，他多次成为被指控的对象。1991 年，泰森更是因为涉嫌强奸而被指控，风头正劲的一代拳王险些在监狱里度过余生！这起强奸案不仅轰动一时，也备受世人争议！那么，泰森是罪有应得还是遭人陷害？这起强奸案又给拳王泰森的命运带来了怎样的影响？

对于拳王泰森，大家都很熟悉。一代拳王泰森出拳非常有力量，他一拳的冲击力相当于 300 公斤，可将一块砖击打成碎块。他的出场费令人咂舌，平均一秒钟 27 万美元。泰森是一个让世人仰慕同时令人望而生畏的人物。他一方面受到众多粉丝的拥戴，另一方面又一次一次被很多人贬为野兽。他骂过人，打过架，掐过肩，咬过耳朵，还往裁判脸上吐过痰。他的气质和品位更像是一介武夫，这些都源于他的出身背景和成长经历。

1966年6月30日，泰森出生于纽约的一个黑人居住区，这个地方属于文化盲区。他的身世很可怜，父亲是个花花公子，泰森还没出世的时候父亲就离家出走了。没人管教的泰森从小到大自生自灭。他体格强壮喜欢打架，而且拳头特别硬。在他生活的这个区域里，泰森俨然就是一个小混混、“古惑仔”。后来，他被当地的一些大混混相中了，这些人就带着泰森出来抢劫、打架，所以泰森小时候经常被警察抓了放、放了抓。

少年泰森由于没有受到良好的教育和家庭熏陶，成了一个不折不扣的问题少年。他不仅性格粗暴野蛮，而且喜欢打架斗殴。谁也不会想到他后来竟会成为世界拳王。那么，泰森的人生是因为什么而发生了如此重大的转折？他又是如何走上职业拳击之路的呢？

在泰森13岁的时候，又是因为打架被警察送进了纽约州北部的一个少年管教所，这个少年管教所叫泰伦少年管教所。谁也没有料到，这个所谓的泰伦少年管教所，居然成了培养一代拳王的摇篮。

泰森在泰伦管教所遇到了一个人，他的出现改变了泰森的命运。这个人叫博比，是少年管教所的一名教员。不过他的经历非常特殊，因为他曾经是一名业余拳击手，而且在美国最高级别的业余拳击比赛中曾经获得过名次。博比居然看中了泰森，他问泰森愿不愿意打拳。年轻的泰森说：“我只会打架，不会打拳。”博比说：“打架是犯法的，你就是因为打架进来的，而打拳是合法的打架。”泰森一听，这样以后可以打架还不犯法？于是他就答应了。

泰森在拳击方面很有天分。他跟博比学了三个月的时间，居然把博比给打倒了。后来博比跟泰森说：“你在这方面确实有天分，估计会成为世界冠军。”于是，博比为泰森推荐了一位叫达马托的老师。达马托可以说是美国拳击界的领军人物，在他名下培养出好多拳王。当时，达马托已经70岁了。如果说博比是泰森打拳击的启蒙老师的话，那么达马托就是把泰森送往世界拳王宝座的老师。

虽然达马托是泰斗级的拳击教练，但他并没有嫌弃泰森这个不良少年，他不仅教泰森打拳，并且还将泰森收为养子，给从小就缺少父爱的少年泰森以无微不至的关怀。或许达马托所做的一切，深深地触动了泰森的内心，从此，泰森真正爱上了拳击运动，他粗暴的性格和不良习惯也有所收敛。经过达马托的悉心调教之后，这个曾经浑浑噩噩的街头小混混，有了冲击世界拳击冠军的雄心壮志。

泰森投入到“名门正派”之后，仅仅花了三年时间就成为了一流的业余拳击手。过了两年，他步入了职业拳坛。1982 年，16 岁的泰森参加世界青少年奥运会拳击比赛，泰森将参加比赛的其他选手一一打败。而在决赛中，泰森用了不到 10 秒钟的时间就把对手击倒在地，创造了世界青少年奥运会拳击比赛中的奇迹。

紧接着是一轮一轮的比赛，一轮一轮的冲击。泰森的拳击非常凶猛，几乎每次比赛都仅用两三个回合就把对方击倒。1986 年 11 月 22 日，泰森 20 岁零 144 天，凭着他的重拳仅用两个回合就击败了当时的拳王博比克，成为美国历史上最年轻的重量级拳王。

昔日的问题少年一战成名，在接下来的数年间，拳王泰森在各种世界级拳击比赛中多次击倒强大的对手，更加巩固了他拳坛霸主的地位。然而，风头正劲的他却因为一个黑人美女的出现而陷入身败名裂的境地。那么，泰森和这个女人之间究竟发生了什么呢?

泰森成为举世瞩目的拳王之后，随之而来的是至高无上的荣誉和巨额财富。然而，一场巨大的危机也即将降临到泰森身上。早在 1985 年，导师兼养父的达马托不幸因病去世，这对泰森是个沉痛的打击，他失去了一个重要的精神支柱，而他桀骜不驯的性格再也没有人能够约束。从此，由于生活中的不检点和蛮横行为，泰森引发的丑闻和指控也多了起来。1991

年，泰森更是因为涉嫌强奸而被起诉。那么，这个几乎断送了拳王一生前程的强奸案，又是怎样发生的呢？

在世界拳击史上泰森是当之无愧的英雄。不过这位英雄没有被对手击倒，也没有被金钱所击倒，居然被一名黑人美女击倒了。美女一纸诉状，泰森锒铛入狱。

事情发生在1991年，泰森被指控犯了强奸罪并坐进牢房。但是泰森是否真的犯了强奸罪？世人说法不一 。泰森一直矢口否认。这起强奸案到底是怎么回事？

1991年7月中旬，美国印第安纳州波利斯市，美国一年一度的黑人博览会在这个城市举办，同时一年一度的美国黑人小姐选美比赛也在这里进行。泰森作为黑人中比较有威望的名人，应邀参加了这次博览会。1991年7月17日，泰森来到了这个城市。当时的泰森25岁，年纪轻轻，风头正劲。他来这里，一方面是应邀参加这次博览会；另一方面，他还要陪同这些黑人小姐拍一部广告片。

对于这种事情，泰森的兴致非常高，既增加名望又可以挣钱。关键是，还有一帮美女陪着他！泰森对美女有着特殊的情结，我们可以列举一个非常熟悉的人物和泰森相比，那就是《西游记》中的猪八戒。猪八戒看到美女流口水，泰森的症状与此类似。所以，泰森对美女永远乐此不疲。

这一次他来到印第安纳州波利斯市把自己安顿下来之后，马上来到美女排练的场所。当时，从美国挑选的23位黑人美女正在排练场紧张地排练。因为泰森的名气，再加上黑人美女对名人的崇拜心理，泰森很快就跟她们打得火热。当时23位美女正在排队演习，泰森这时也没闲着，他比那23位美女还忙。据一位黑人小姐在后来的法庭上作证时反映，泰森当时就像一只章鱼在美女中间穿来穿去，而且手脚也不闲着，碰这个一下，摸那个一下，动作很不雅，就像个小流氓。另一位黑人小姐作证时说，泰森来的时候大家都很高兴，而且都想与泰森合影。这时泰森说："跟我合影，就坐到我的大腿上来！"这个要求提出后，其实也并没有难倒这些美女，这些人也都是见过世面的，所以她们一个个跑过来，坐在泰森的大腿上与泰森合影。

这其中有一名黑人美女叫德西蕾·华盛顿，就是她，最后导致泰森身败名裂。德西蕾 1973 年出生，当时才 18 岁，是一所大学的大一新生，来参加选美。泰森对德西蕾一见钟情，很有感觉，就把她拉过来一起照相。照相之后，泰森马上又问她："宝贝，你怕不怕我？"德西蕾估计也是见过世面的，她看着泰森，摇了摇头，表示并不怕他。这个时候，泰森做出了一个举动，这个举动对他自己来讲似乎是很寻常的，但是对别人来讲就有些意外了。他怎么做的呢？他直接亲了德西蕾的嘴。亲嘴可是情人之间的行为啊！不过，泰森亲了德西蕾，德西蕾也没有拒绝，亲完之后，他们互相留了电话，而且泰森还补问了她一句："我们可不可以私下约会？"德西蕾很高兴地答应了。她说："我喜欢看电视、吃饭，还喜欢看星星看月亮，你到时候给我打电话。"

已经功成名就的泰森，在拳击场上所向无敌。而在情场上，拳王泰森或许也认为没有他征服不了的女人，所以，他对黑人美女德西蕾充满无尽的美好想象。但出乎意料的是，德西蕾却是一个例外。那么，德西蕾有什么特别之处，他们之间即将进行的私下约会，为何成了泰森一生都挥之不去的噩梦？

当天下午，泰森往德西蕾住的房间里打电话，一直没人接，大概德西蕾在排练。泰森不停地打电话，一直到 18 日凌晨一点半，德西蕾接电话了。泰森跟她说："我马上就要离开这个城市了，我还是想跟你见一面，咱们可不可以出来一起看看夜景，看看星星、看看月亮？"德西蕾就下楼了。当时，泰森的车就在德西蕾旅馆的门口。德西蕾上车之后，泰森已经是猴急得不得了，立马抱着就亲。德西蕾没有反抗，后来德西蕾在法庭上说泰森有严重的口臭。然后，车子兜了一圈来到泰森下榻的坎特伯雷大饭店。

当时泰森说："咱们可不可以到我的房间去坐一坐？"德西蕾也没有在意，一起上了楼。于是泰森反锁了门，两个人坐在床上看电视。刚开始，泰森与德西蕾简单地聊了聊天，问了一下德西蕾的家庭情况。然后，泰森突然对着德西蕾问她喜不喜欢自己，这下德西蕾就蒙了，她说："我们刚刚认识，不过我对你不反感。"泰森是一个不善言辞的人，他嘴巴动了动，想说什么又没说出来。这时德西蕾说她要上一下洗手间。德西蕾在洗手间里面采取了一个举动，就是这个举动，后来在法庭上被泰森的律师死死抓住，而且德西蕾对此也解释不清，这个细节会在法庭审判的时候进一步介绍。等德西蕾从卫生间出来之后，据德西蕾说："我从卫生间出来，一看见泰森就吓了一大跳，泰森这个时候已经脱光了衣服！"德西蕾还没有反应过来，泰森就已经像饿虎扑食一样扑过来了。后来，德西蕾到警察局报案说泰森把她强奸了。

事业如日中天的拳王被指控强奸少女，这个消息轰动了美国，震惊拳坛！当红明星与美女之间看似平常的约会，为何成了性犯罪的契机？泰森有没有强奸德西蕾，这个影响拳王一生命运的案件将会如何发展？

拳王泰森涉嫌强奸的消息经媒体报道之后，一时间舆论哗然。面对突如其来的指控，泰森苦恼不堪，他坚称德西蕾的控告是别有用心的圈套！而对于这样的体坛丑闻，公众却有着截然不同的看法：支持泰森的众多粉丝认为，泰森是他们心目中战无不胜的英雄，他拥有至高的荣誉和巨额财富，他的周围总有众多的美女追求者，所以泰森不可能不顾自己的名誉而去冒险强奸。但也有人认为，虽然泰森已经功成名就，但江山易改，本性难移。泰森从小就劣迹斑斑，现在的他就像一只粗暴蛮横的野兽。所以，少女德西蕾被他强奸是极有可能发生的事情。那么，事情的真相又是什么呢？

至于那天晚上在房间里到底是什么情况，只有泰森和德西蕾他们自己心里清楚。现在，德西蕾指控泰森强奸，我们可以先分析一下当时泰森和德西蕾各自是什么样的心态。

先看看泰森是怎么想的。他为什么要约德西蕾？他为什么要亲德西蕾？他为什么要把德西蕾带到自己的房间？其实这个动机很简单明确，泰森就是想与德西蕾发生关系。不管是欣赏他的人还是曾经批判过他的人，都有一个共同观点，可以用八个字来描述泰森这个人：四肢发达，头脑简单。他最擅长的就是打拳，最大的爱好就是打拳。除此之外就是追逐女人。而且泰森个性直白、简单，追求女人的方式与其他任何人都不一样。一般来讲，作为一名男士看到自己心仪的女人，初次见面一般都会彬彬有礼，哪怕是装也要装得彬彬有礼。但是泰森不这样，只要看中他喜欢的女人，就会直接上去，赤裸裸地、很直白地说出他想做什么，甚至在他说出来之前，手已经伸出去了。

简单粗暴的个性加上对女人强烈的征服欲，这让人们很容易相信，泰森极有可能是在违背了德西蕾意愿的情况下，将其强暴。而当人们联想到泰森过去的斑斑劣迹和犯罪前科时，更加深了这一看法。许多人认为，名望和财富的变化并不会给泰森的秉性带来实质性的改变。那么，过去的泰森究竟干了哪些为人不齿的事情呢？

举个例子，1988 年 8 月，在纽约曼哈顿一家舞厅里，泰森看中了一个叫梅勒的女子，于是他就直接奔她而去，找人家搭讪。泰森上去就说了一些很下流的话，梅勒当然很反感，就躲避他。可泰森就在舞厅里追，还动手动脚。后来，梅勒忍无可忍，打了泰森一个耳光，而且说：“你这个讨厌鬼，你再这样纠缠我，我就打电话报警。”要说 1988 年的时候泰森已经成名了，而且本身他的脾气是很大的，这个时候被当众羞辱，觉得很没面子，所以他发脾气了。他像老鹰抓小鸡一样按住梅勒的肩膀说："你这个臭丫头有什么了不起的，我是世界冠军！"他抓着梅勒一通乱摇，然后把她推倒在地，自己扬长而去。

后来，梅勒把他告到了曼哈顿法庭，要求泰森赔偿她400万美元。结果，法官判决罚款100美元。为什么这么低？当时基于两个原因。第一，泰森的行为确实很无礼，但是并没有造成很严重的后果。第二，法官认为泰森的行为举止简直就像个呆子，似乎有点精神不正常，所以并不重视。

宣判时，坐在被告席上的泰森傻呵呵地笑着，而且做了一个非常怪异的举动。不是判罚100美元吗？泰森拿出100美元，贴在自己的额头上，伸出脖子，用这种方式将钱递给了梅勒。当时一个社会评论家说："法庭对他轻判，简直就是纵容了泰森的犯罪。"

了解了泰森的为人之后，可以说，当泰森遇见德西蕾，还算是客气的。按照泰森的习性，直率、直白、直接用自己的行为表达内心的思想，"直"得让美女们发慌。这一次，他遇见德西蕾，除了初次见面强吻她，后来基本上还算是彬彬有礼，居然还约她出来看星星看月亮。人家可是世界冠军，忙着呢，哪有工夫陪你看星星看月亮？所以对德西蕾来讲，泰森应当算是尊重的。

那么，泰森约德西蕾，亲德西蕾，把德西蕾请到自己的房间，他到底想干什么？司马昭之心，路人皆知！而作为一名受害者，德西蕾为什么要应约，为什么要陪着泰森出来，为什么让泰森亲，为什么愿意来到泰森的房间？后来为什么又翻脸了呢？

请看下一讲：是强迫还是自愿。

第二讲　是强迫还是自愿

拳王泰森与美女德西蕾深夜约会，两人发生关系之后，不料德西蕾却突然控告泰森强奸！面对指控，泰森为何大呼冤枉？当天晚上到底发生了什么，泰森有没有强奸德西蕾？而随着庭审的深入，德西蕾又为何有了敲诈勒索的嫌疑？

出身贫寒的泰森有着过人的拳击天赋，20 岁登上拳坛就快速击败前世界重量级拳王。两年之后，他更是囊括了世界三大拳击组织比赛冠军的头衔。从此拳王泰森的名字享誉世界。在其全盛时期，他以毁灭性的风格多次击败了声名显赫的强大对手，9 次成功卫冕世界拳王冠军称号。不过，他也曾因为私生活不检点，而陷入身败名裂的境地！

由于泰森粗暴蛮横的性格和拈花惹草的毛病，成名前后的他经常惹是生非。1991 年 7 月，泰森遇到了黑人美女德西蕾，于是他主动与德西蕾搭讪，并在深夜顺利地把德西蕾约到自己的房间。不过，两人发生关系之后，德西蕾却突然到法院控告泰森强奸！面对德西蕾的指控，泰森非常惊讶。泰森认为，他与德西蕾之间发生的事情只是你情我愿的一夜情。为了洗脱强奸罪名，泰森不惜花重金聘请了全美最顶级的律师团队为自己辩护。随着庭审的深入，德西蕾控告泰森的行为动机受到人们的强烈质疑，那么，德西蕾究竟是怎样的女人，她指控泰森强奸有什么证据？

泰森因为行为不检点受到德西蕾的控告。在法庭调查和取证的过程中，最受争议的人物就是德西蕾。她到底是一个单纯、可爱的受害者，还是另有所图？从法律上来讲，中国和美国的刑法对于强奸罪有一点是共通的，那就是“违背妇女意志”，所以，德西蕾的心态很重要。在整个过程中，德西蕾是什么样的心态呢？虽然这是她的内心活动，但是，我们可以从她的客观行为推断出她与泰森交往抱着一个什么样的态度。总体来讲，德西蕾的一些行为、举止让人捉摸不透，深不可测，至少有四件事可以体现：

第一件事，当众亲吻。如前所述，当泰森遇见德西蕾，一见钟情，然后当众亲了德西蕾的嘴。既然亲嘴是情人之间的行为，现在泰森亲了德西蕾，德西蕾没有反抗，那么德西蕾会是个什么心态？

第二件事，深夜赴约。当时已是 7 月 18 日凌晨一点半，这个时间泰森打电话到德西蕾房间，约她出来看星星看月亮，德西蕾也出来了。这个时间，对女人来讲是非常危险的，对男人来讲也是非常容易犯错误的。那么德西蕾此时出来会是一个什么心态？是不是一种心照不宣？

第三件事，车上拥吻。当德西蕾来到泰森的车上，泰森非常猴急地又抱又亲，而且直至后来到了房间里，应该说两个人是比较和谐的。车上拥吻是泰森第二次亲德西蕾。如果说第一次亲她是因为当场的人太多，德西蕾不好意思反抗，或者说反抗不礼貌，或者说太突然了反抗不了的话，那么第二次泰森亲德西蕾，德西蕾又一次没反抗，这意味着什么呢？是不是意味着德西蕾接受了泰森？

第四件事，自投罗网。德西蕾上了泰森的车之后，他们俩直接来到了泰森下榻的坎特博雷大饭店 606 房间。那么，三更半夜，一个单身女人来到一个单身男人的房间，这又意味着什么？特别是这个单身男人叫泰森。

泰森 16 岁的时候就已经有了性犯罪记录。那年泰森还没成名，他到一个小卖部去买东西，发现小卖部里的小丫头长得很漂亮，于是上去摸了人家一下，小姑娘立即打电话报警。正常情况下一般人都会跑开，可是这个时候泰森不但没跑，他还在那里傻呵呵地望着人家笑，结果几分钟后警察就过来把他抓起来了。

在中国和美国，犯罪的概念不一样。中国有违法、犯罪一说，在美国却没有违法与犯罪的区分。哪怕你仅仅是偷了一个苹果也叫犯罪。所以，在美国犯罪的门槛非常低，只是对犯罪的处罚和裁决，警察局、检察院、法院都有权力，并非说犯罪了就得坐牢。

因此，泰森 16 岁的时候就已经有了第一次性犯罪记录，而且全民尽知，只要认识泰森的美国女人，都知道泰森是什么样的人。所以，德西蕾既然喜欢泰森，以前听说过泰森，她应当知道泰森是个什么人物，是个什么习性。既然了解他，为什么敢在深夜来到他的房间？这是不是自投罗网？

从当众接吻到深夜约会，作为美国黑人小姐选美比赛选手的德西蕾，她与拳王泰森之间发生的行为似乎是顺理成章的事情。那么，事后，德西蕾与泰森为何成了法庭上的仇人？这个轰动一时的诉讼又将经历怎样曲折的发展？

1992 年 1 月 27 日，马里恩检察院正式起诉了泰森强奸案。审理泰森强奸案中，有四个关键角色决定了泰森的命运。

一是被告律师，泰森花高价从华盛顿和其他地方请了五位律师，其中首席辩护律师叫富勒，富勒当时 60 岁，他是美国赫赫有名的大牌律师。1981 年 3 月 30 日，美国第 40 任总统里根来到希尔顿饭店门口，一名叫约翰·欣克利的刺客突然出现，对着里根总统连开六枪，其中最后一发子弹打在轿车的防弹玻璃上，又反弹到里根总统身上，于是里根总统受了伤。富勒就是刺客欣克利的辩护律师，结果辩护为无罪。能把一名刺杀总统的人辩护为无罪，这名律师的实力可想而知。

二是本案法官，叫吉福德。她是一名女性，当时 53 岁，曾经是马里恩郡检察院的反性犯罪检察官。当时马里恩县法院挑选吉福德审判泰森强奸案大概有两个原因。第一个原因是受害人德西蕾是女性，法官也是女性，容易获取同情分；第二个原因是吉福德此前的工作经历与此案很对口，反性犯罪检察官，审理强奸罪更专业，所以选择了吉福德作为法官。

三是检察官，检察院这边派出一名检察官叫加里森，44 岁，法律业务水平不错，口才也不错，只是当时各界对他并不看好，因为他的对手太强大。

第四个角色是陪审员，陪审员的挑选，从 1992 年 1 月 27 日到 1 月 29 日，两天的时间，控辩双方律师经过激烈争论，最后确定了 12 个人。这 12 个人是从 130 名候选人中挑选出来的。挑选方法是让这 130 个人做 17 道题，这些题目都是一些心理测试，目的是考察一下这些人对拳击有没有偏见，对妇女的权益保护有没有其他的一些偏见，通过做题了解他们对原告和被告的态度。最后，陪审员确定为 8 名男性，4 名女性；9 名白人，3 名黑人。

1 月 30 日上午，马里恩法院正式开庭审理泰森强奸案。开庭时，加里森检察官开宗明义，直接指控泰森四项罪名。第一项就是强奸罪，然后有两项性行为不端罪，第四项是非法拘留妇女罪。按照美国当地刑法，如果这四项罪名都成立，前三项罪名的最高刑期是 20 年，最后一项罪名最高刑期是 3 年。如果都判下来，泰森就得入狱 63 年。泰森时年 26 岁，等他坐完牢出来，都快 90 岁了。

这样的指控，对于拳王泰森来说就像晴天霹雳，如果罪名成立，他不仅要离开心爱的拳击赛场，还将面临在监狱里了此一生的结局。不过，泰森却说他与德西蕾发生关系时，两个人相处的氛围一直都很融洽，并没有强迫行为的发生，或许是因为自己的疏忽大意惹恼了德西蕾。那么，泰森对德西蕾究竟犯下了怎样的致命错误？花重金聘请的律师团又能否为泰森洗脱强奸罪名？

检察官宣读了对泰森的指控罪名之后，这起案件的主要当事人德西蕾也来到了庭审现场，在法庭上，18 岁的德西蕾显得楚楚可怜，并详细陈述了泰森强奸她的整个过程，她看上去是一个涉世不深的无辜的受害者。那么，经过泰森辩护律师的一番盘问，人们为何又改变了这一看法呢？

加里森发言之后，泰森的律师开始发言。作为泰森的辩护律师，他们尽量越俎代庖，不让泰森说话。因为泰森头脑迟钝，说话不着调，律师担心泰森由着性子在法庭上胡说八道，这样就会给对方留下把柄，所以很多问题都由辩护律师代为回答。辩护律师说，德西蕾是一个成年人，她对自己的行为有负责任的能力，跟泰森接触，跟他看星星、看月亮，跟他亲嘴，到他房间去，这些都是由她自己来决定的。德西蕾不是一个孩子，她和泰森发生关系是一步一步、顺理成章、你情我愿的事情，所以不是强奸。

当天德西蕾也到庭了，她当时戴着一个面纱。在法庭上，德西蕾整整陈述了三个半小时，她把事情细节讲得很清楚，整个过程娓娓道来，陪审员都听得很投入。

当天的法庭辩论给人们留下了非常强烈的印象，因为在德西蕾身上可能存在着两种截然相反的人格。

第一种人格，就是检察官加里森所陈述的，德西蕾是一个天真、浪漫的小女孩儿，她喜欢名人，喜欢泰森，所以才跟他一起出来。德西蕾的想法很天真，她就觉得跟明星在一起很好，因为德西蕾的家庭是一个崇拜体育明星的家庭。包括后来来到泰森房间，德西蕾并没有多想。反而是泰森想方设法把德西蕾引到自己房间强奸了她。因此，他们认为德西蕾像一朵鲜花毁在泰森这个大恶棍手上，确实是让人扼腕叹息。

第二种人格，辩护律师认为，德西蕾看上去很天真，其实工于心计。辩护律师说德西蕾就是看上了泰森的名气和钱财，她觉得泰森是一棵摇钱树，想方设法找机会接近泰森，找机会和泰森在一起，然后可能要找机会敲诈一笔钱。结果事情发生了却没弄到钱，于是怀恨在心，反咬一口，把泰森告上了法庭。

开庭时，作为泰森辩护人的富勒律师有着他的策略和辩护经验。他打算在开庭调查的时候对德西蕾进行狂轰滥炸般的讯问，让德西蕾紧张、慌乱，然后从中找出一些问题抓住她的把柄。富勒律师问德西蕾："你和一个素昧平生的男人，是不是在仅仅认识了几分钟之后就开始跟他亲吻？"德西蕾小姐不卑不亢地说："是的。"富勒律师就紧接着问："你不觉得这个事情有些难为情，或者说有些恐惧和害怕吗？"德西蕾说："我没有这样认为，因为我觉得他当时并没有恶意，而且做得并不是很过分。"

富勒律师紧接着再问，那天泰森约你出来，你是心甘情愿出来的是不是？德西蕾说是。然后富勒律师紧追着就问，你是心甘情愿地让他吻了你，然后心甘情愿地上了他的车，然后心甘情愿地进了他的房间，然后心甘情愿地坐上了他的床是不是？德西蕾说是。

富勒紧接着问："你为什么不坐在沙发上，而要坐在床上？"德西蕾小姐说："因为坐在沙发上我看不见电视，所以我就坐在了床上。"

整个提问的过程富勒律师都很刁钻，德西蕾回答得很平静，看不出有什么破绽。

关键的问题就在于，德西蕾后来上了一趟卫生间。从卫生间出来之后，德西蕾小姐的说法和泰森的说法就有了很大的出入。

德西蕾说从卫生间一出来，吓了一大跳，因为泰森这个时候已经脱光了衣服。德西蕾还没有反应过来，泰森就已经像饿虎扑食一样扑过来了。德西蕾小姐极力反抗，她想击退泰森。德西蕾体型很小，不足 110 斤；而泰森个子高大，很强壮。如果以拳击的标准衡量，德西蕾简直还够不上轻量级的运动员，所以在泰森面前显得很弱，不过德西蕾当时反抗得很顽强。德西蕾后来说如果自己是一个旁观者，看到这个场面肯定会感到很恐惧。

当时泰森一边进攻一边说：“你不要跟我打，我是拳王！”德西蕾后来哀求他，一边哀求一边反抗。泰森就在地板上把德西蕾的紧身短裤给扯下来，然后再把德西蕾按在床上。德西蕾一边哀求，一边顽强地挣扎着说：“你不要这样，你这样是伤害了我，我求求你。”但是泰森不管不顾，根本就不理睬她，只是反复地说：“你不要反抗，我是冠军。”之后，在德西蕾的哀求之下，泰森狞笑着强奸了她。这就是德西蕾描述的强奸细节。

从德西蕾的陈述中，人们看到泰森就像一只粗暴的野兽，通过暴力手段强奸了一个柔弱的女子。但泰森本人的陈述却与德西蕾的证词截然相反，那么，他们两个人到底谁在说谎？

从泰森的证词来看，情况截然相反。泰森在庭上为自己作证，时间长达 77 分钟。泰森说那天在排练场上，他认识德西蕾的时候就向她发出了邀请，当时已经明确地提出了晚上要约她，而且约她干什么已经说得很清楚了。然后，当天晚上一点半把她约出来，上车直接来到泰森所住的房间楼下，邀请德西蕾进他的房间，德西蕾也同意了。进去之后泰森反锁上门，德西蕾也没有意见；让她坐在床上，德西蕾也同意了。最关键的地方就是德西蕾从卫生间里出来，泰森说的和德西蕾说的不一样。本来泰森开始不想在法庭上描述这个细节，他觉得不太好意思。但是法庭坚持让他详细描述，所以泰森就小声描述了这些细节。

他说，德西蕾小姐从卫生间出来之后，来到了泰森身边。泰森这时坐在床上，两人顺其自然地发生了一切。事后，德西蕾慢慢起身，拢了拢头发，然后再到浴室洗了个澡，出来之后泰森就对德西蕾说：“你今天晚上就不要走了，就在这过夜。”德西蕾说：“不行，明天一早还得早起，我现在就得回去。”然后她要求泰森送她下楼。这个时候泰森说他非常疲惫，他说：

"我的司机在楼下，你下去让他送你回家。"德西蕾觉得很意外，说："难道你不送我下楼？我才不相信呢。"泰森真的没送她下楼。所以德西蕾很生气，而且她还说："我会报复的！"然后摔门而去。

泰森的态度让美女德西蕾怒不可遏！不久，泰森就被指控犯有强奸罪。事发后，泰森曾试图与德西蕾通过协商私了此事，但却没有结果。后来，泰森再也无法左右事态的发展！然而，在庭审辩论阶段，泰森的辩护律师却抓住了德西蕾无法解释的三个把柄，那么，泰森能否就此洗脱强奸罪名呢？

基于泰森的证词，他的首席辩护律师富勒紧紧围绕着三个方面开展了辩护。

第一个方面，富勒律师提出，现场有没有强奸搏斗留下来的痕迹？德西蕾报警之后，警方立刻就开展了调查，派人到了泰森的房间。泰森有个习惯，他住的房间一般会在门外挂一个"请勿打扰"。这次也是，挂了牌子之后，饭店服务员就没有打扫他的房间，这样有利于警方搜集证据。可是，现场勘查时，警方在泰森房间的床单、被子、卫生间、地板上都进行了详细勘察，没有提取到任何有意义的证据。而且，既然是强奸，以泰森的手法、力量，强奸过程中德西蕾身上必然会留下一些伤痕，或者一些抓痕。既然两人有搏斗的情节，德西蕾反抗，泰森肯定要有强迫动作，这样就会有一些拉扯。但是，在德西蕾身上和衣物上都没有找到相关的证据。

第二个方面，德西蕾和泰森有没有发生性关系的意思表示？按泰森的说法，那天他明确提出约她出来是干什么的。德西蕾的说法是，他约她，说的是"晚上一起看星星看月亮"。但是，警方又找到一个非常关键的证人，这个证人就是那 23 个选美小姐里其中的一个。这个小姐提供的证词有一句话很有杀伤力。德西蕾第一眼看到泰森的时候，她就说："能抱这样体格的男人该是多么醉人啊。"辩护律师说："从这句话来看，德西蕾和泰森发生关系，或许德西蕾是自愿的。”

第三个方面，德西蕾有没有发生性关系的准备？富勒律师挑到一个很关键的问题。德西蕾曾经作证时说过这样一句话：“那天我刚刚来月经，我不可能答应和泰森发生关系。”富勒当庭问泰森，泰森说发生关系的时候并没有发现卫生巾。所以富勒马上问德西蕾：“这是怎么回事？”德西蕾说她当时去了一趟卫生间，然后取下了卫生巾，她没有换卫生巾是因为她的手提包落在泰森车上了。富勒律师说：“这个行为是不是为了和泰森发生关系而做的准备？反过来说，如果你不取下卫生巾，或许泰森他就不会跟你发生关系了。所以除非你有证据证明，否则你取下卫生巾的行为，就是为了与泰森发生关系而清除障碍。”

而且富勒律师还提醒她：“你进入他的房间之后，如果发现泰森有不良的企图，你可以找很多借口离开房间，但是你没有这样做。当时的时间是深夜一两点钟，这个时间你还在一个男人的房间里，还坐在别人的床上不走，你是什么意思？”

以上便是富勒律师当庭辩护时提出的三个关键问题。

所以关于泰森强奸案，那天晚上在房间里到底发生了什么？为什么后来德西蕾要控告泰森？泰森到底强奸了她没有？请看下一讲：判决。

第三讲　判决

美女德西蕾控告泰森强奸，但她却有敲诈勒索的重大嫌疑。然而，泰森还是因为强奸罪被判处6年有期徒刑！那么，掌握生杀大权的陪审团为何决心要把泰森投入监狱？而泰森又为何对判决结果始终耿耿于怀？

1966年，迈克尔·泰森生于美国纽约市。20岁时，他就获得世界拳击理事会比赛冠军，成为史上最年轻的世界重量级拳王。在其全盛时期，他以毁灭性的风格多次击败声名显赫的强大对手，9次成功卫冕世界重量级拳击冠军。不过，他也曾因为放荡不羁的生活，而陷入身败名裂的境地。

由于泰森粗暴蛮横的性格和拈花惹草的毛病，成名前后的他经常惹是生非。1991年7月，泰森遇到了黑人美女德西蕾，于是他主动与德西蕾搭讪，并在深夜顺利地把德西蕾约到自己的房间。不过，两人发生关系之后，德西蕾却突然到法院控告泰森强奸！为了洗脱罪名，泰森花重金聘请了全美国最顶级的律师团队为自己辩护。庭审辩论阶段，原告德西蕾受到强烈质疑，人们怀疑德西蕾企图以控告泰森强奸的方式，来达到敲诈钱财的目的。庭审局面曾一度对泰森非常有利，他似乎也看到了胜诉的希望。但令人意想不到的是，泰森私人司机的出庭指证，却让泰森陷入了极为不利的境地，那么这名司机到底说了什么，泰森又为何没能逃脱牢狱之灾？

庭审过程中，泰森的辩护律师富勒当庭提出了很多刁钻的问题。同时，他们提请法庭注意，德西蕾是一个成年人，她对自己的行为有负责任的能力。他们认为，德西蕾就是因为看上了泰森的名气和钱财，觉得泰森是一棵摇钱树，于是想方设法找机会接近泰森，找机会和泰森在一起，借机敲诈他一笔钱，结果事情发生了却没有弄到钱，因此怀恨在心，反咬一口，把泰森告上了法庭。

原告一方找到两个证人，这两个证人对泰森非常不利。其中一位证人是泰森的司机。司机说，那天晚上一点半钟，泰森在车上给德西蕾打电话，他央求德西蕾说："我求求你，你出来一下，我有重要的话跟你说，我明天就要走了。"到了两点半钟，司机在楼下等德西蕾上车，发现德西蕾表情很淡漠，很无助，而且嘴里还说："我不相信他！"这是第一个证人的证言。第二个证人是这个饭店的一名服务员，他说当晚两点半钟，德西蕾怒气冲冲地从泰森的房间里出来。

两份证人证言说明了两个问题。第一个问题，德西蕾刚开始可能并不是很愿意出来，是泰森坚决地央求她出来的；第二个问题，德西蕾从泰森房间里出来时心情很不好，很生气，很不高兴。她是因为被强奸了呢？还是因为泰森没有送她下楼，觉得泰森太不礼貌、不尊重她？到底为什么而生气？这个问题是控辩双方当庭辩论的焦点问题。

后来，法庭请出了16位证人，他们就是参加选美的23位小姐中的16位。这16位证人的说法不一，有的站在德西蕾这边，有的站在泰森这边。法庭上，12位陪审员的脸上没有任何表情。所以，控辩双方到了法庭相持阶段。但是，双方的策略非常清晰。

作为原告这一方，他们坚持一点：德西蕾是天真可爱的，而泰森是名人，也是一只披着羊皮的狼，所以德西蕾上当受骗而被强奸。

但是作为辩护这一方坚持认为，德西蕾这个人不简单，她城府很深，工于心计。因为泰森有名有钱，德西蕾就接近他，然后想方设法诬蔑他，告他强奸。她想通过强奸罪告倒他之后，再提起民事诉讼，捞一大笔钱。

富勒律师还举了两个例子支持这种观点。

第一个例子，1988 年 12 月，泰森在一个社交场合公然追逐一位 23 岁的女孩子，女孩子不想理他，到处躲避。泰森到处追，最后抓着人家不放，可能用力过猛，在女孩身上留下了抓痕。后来，女孩把他告了，提出 100 万美元的赔偿。泰森因为确实在别人身上留下了痕迹，无法抵赖，所以法庭最后判他赔偿了 100 万美元。

第二个例子，1989 年 10 月，泰森曾经到纽约一家夜总会玩，后来夜总会的一位小姐又把泰森告上了法庭，说泰森拧了她屁股，要求泰森赔偿 100 万美元。后来，这位小姐败诉了。当时纽约一家报社专门写了一篇新闻，标题就是《谁拧得起如此昂贵的屁股？》。

富勒律师列举这两个例子用来说明，很多人想敲泰森的竹杠。泰森本身确实有些不良习性，所以很多人利用这一点敲诈他。这就是富勒律师这一方的基本策略，他们坚持认为，德西蕾告泰森就是为了想要他的钱。

控辩双方激烈交锋，相持不下。就这样，在经历了 9 天的庭审辩论和取证后，1992 年 2 月 10 日，控辩双方开始最后一次总结性辩论，这时，控方却死死抓住了泰森前后矛盾的两段证词，使得庭审局面再次发生巨大改变。那么，这起轰动一时的明星强奸案，最终将会是怎样的审判结果？

就这样，这起案件经过了 9 天的法庭调查和取证。2 月 10 日，法庭开始了控辩双方的最后一次辩论。

被告一方泰森的律师富勒抢先做了总结性的发言。他在发言中说，德西蕾是一个圆滑世故、工于心计的女人，她接近泰森就是为了敲竹杠。因为没有达到目的，所以要告他。此外，富勒律师当庭放了一段录像。这段录像是原告德西蕾在案发之后第二天参加选美比赛时的表情、举止。富勒律师说，没有看出来她有任何异常，根本就不像前一天晚上被强奸过。这是辩护方最后的总结性发言。

控方检察官加里森也做了最后的总结发言。他的观点还是先前提到的：泰森就是一只披着羊皮的狼，他就像一个“小巷中的杀手”，强奸了德西蕾。此外，加里森检察官也播放了一段录像。这是在这起强奸案当初立案之时，泰森为自己辩护的一段证词。他的证词与现在法庭辩论阶段的证词不一样。立案时，泰森说约德西蕾出来是为了看星星、看月亮。但是，在法庭辩护的时候泰森说约德西蕾出来就是为了跟她发生关系，前后矛盾。这个时候，泰森说话了。他说，发生性关系这种话，当着女人的面他可以提出来，但是当着那么多其他的人，他说不出口。也就是说，环境场所不一样，表达的内容也就不一样。

但是，加里森检察官最后提醒陪审员注意。他说，这起案件的关键，不在于德西蕾是不是心甘情愿地去了泰森的房间，而是德西蕾是否被迫做了不愿意做的事。哪怕德西蕾心甘情愿地来到了泰森的房间，哪怕她事先答应和泰森发生关系，但是，真正发生的时候，只要德西蕾是被迫的、是不愿意的，那就是强奸！加里森检察官强调：强奸，就是一方坚决说不，而另一方坚决进行的性行为！

就这样，法庭辩论结束了。当天下午，也就是 2 月 10 日下午 2 点左右，12 位陪审员就案件进行了最后一次合议，并将采取秘密投票的方式进行表决。

泰森有没有强奸德西蕾？或许只有他们自己心里最清楚。但综合庭审的情况，泰森最后是回到赛场继续他的拳坛神话，还是在监狱里接受惩罚，最后由陪审员说了算。那么，掌握生杀大权的陪审员将如何决定泰森的命运？这起案件的审判结果又为何备受争议呢？

最后决定泰森命运的是参加庭审的 12 名陪审员，关键就看他们的态度。他们经过了整整 9 个小时的商量，终于在当天夜晚 11 点达成一致。1992 年 2 月 10 日晚 11 点，马里恩法院第四法庭座无虚席。这时，平时嬉皮笑脸的泰森表情非常严肃，手在自己腿上搓来搓去，非常紧张。几分钟之后，12 位陪审员依次进来找位子坐下，首席陪审员将他们最后的合议结果交给了主审法官吉福德，吉福德开始当庭宣判。

宣判的内容是：前世界重量级拳击冠军、美国公民迈克尔·泰森，于 1991 年 7 月 18 日在印第安纳波利斯，在当地举行美国黑人小姐选美比赛期间，对一位 18 岁的女大学生犯有强奸罪。与此同时，还对另外两名女性犯有性行为不端罪。

1992 年 3 月 26 日，马里恩法院正式判决泰森因强奸罪入狱 6 年，并处罚金。对于法庭这样的宣判，泰森心存不满，他的情绪显得非常失落。他无论如何也不会想到，与德西蕾看似平常的私下约会，竟会给他带来无法挽回的牢狱之灾！那么，12 名陪审员为何决心要把泰森投入监狱呢？

宣判之后，泰森的律师富勒举手说："可不可以重新再问一下这 12 名陪审员？"得到允许之后，富勒律师对 12 位陪审员挨个重新询问。他问："你们真的觉得泰森犯了强奸罪吗？""你们真的对原告和检察官提出的证据没有任何质疑吗？"12 位陪审员怎么回答的呢？每个人都说："是的，有罪！"

为什么大家一致认定泰森犯了强奸罪呢？有两个关键点：第一个关键点，先前提到过有一盘录像带，是泰森来到了排练场地，对 23 位选美小姐动手动脚，以及在照相时说了一些很下流、很直白的话，甚至和德西蕾亲嘴，等等，这些言行举止全被录下了，整个录像带长达 90 分钟。作为陪审员，他们看了录像带之后，在了解了泰森前科案底的前提下，基本上可以对泰森的品格定性：泰森就是一个色鬼。第二个关键点，事发之后 25 个小时，德西蕾来到一家医院，找了一位内科医生，给自己做了一次下身检查。检查发现，德西蕾的子宫宫颈处有两处破损痕迹。陪审员看到这些之后，认定德西蕾在发生关系时是不愿意的，是被强迫的。

1992 年 3 月 26 日，马里恩法院正式宣判泰森因犯强奸罪入狱 6 年。

当然，后来泰森经过减刑，3 年之后出狱。

一纸判决，一下子让泰森陷入了身败名裂的境地！曾经让无数观众为之倾倒的一代拳王，如今却沦为遭人唾骂的阶下囚，泰森戏剧性的人生经历，也令人欷歔感慨！不过，时过境迁之后，每当人们谈起泰森强奸案时，对这样的判决结果依然存有争议，这又是什么原因呢？

这次宣判之后，泰森和他的律师一起灰溜溜地走出法庭。作为曾经威风八面、不可一世的泰森，此刻心里想的是什么呢？有一个拳击评论家是这么分析的：泰森绝对不是一个多愁善感的人，他不会有非常复杂的思想。他此刻一定在咒骂那些把他送上法庭的人，而绝对不会忏悔。他只会责怪这些人为什么把自己送上法庭，最后送进监狱。这就是泰森！

确实如此，对于这个有罪的判决，泰森的确不是心服口服。这里可以先看看关于泰森否认强奸罪的三次记录。

第一次记录，1992 年 3 月 26 日，也就是法官宣布泰森刑期之前。按程序，被告有一次自我最后陈述，泰森发表了十分钟讲话，主要内容是："我不乞求任何怜悯，我做好了最坏的打算，我有点害怕，但我是无罪的，我没有伤害任何人，我没有强奸任何人。"

第二次记录是在狱中。泰森服刑期间，美国一位非常著名的电台主持人到监狱采访泰森。他问泰森："你至今仍然认为自己是无辜的吗？"泰森说："是的，那天下午德西蕾和我都很清楚，我们晚上要发生性关系，她根本没有被强奸，一切都是事前安排好的，但后来我被指控强奸了她。也许是因为当时我太累，没有陪她下楼送她回饭店。我只是一个普通人，这就是我为什么惹上麻烦的原因。"

第三次记录，是泰森强奸案发生之后的 12 年，也就是 2003 年。这次有一家电视台请了一位非常著名的法学评论家，专门找泰森聊这件事。他问泰森："当初那起强奸案对你的人生是否具有非常重要的转折意义呢？"

泰森当时非常逆反，而且非常激动，他说："我没有强奸那个卑鄙的女人。"法学评论家问："那德西蕾为什么要控告你呢？"泰森说："她不过是一个骗子，我真的恨她的谎言，是她把我弄到今天这个地步，我自己还蒙在鼓里，我现在真的希望当时我还不如强奸了她。"泰森还说："每个人都有孩提时代的快乐，但是对于我来说，我只是一个强壮的黑人强奸犯。这是留给我的耻辱，我一生都带不走的，我做了好多好事，但留给我的只有一个耻辱的强奸犯恶名。"这名法学评论家接着问："你为何对'强奸犯'这个词反应如此强烈？"泰森说："因为任何案件结束后，你都可以重获尊严，但对强奸犯来讲，没有任何尊严。想想我总是生活在这个恶名之下，有些事我没有做，有些我做了，我的确打过不少人，法官判了我重罪，因为我错了，我打了那些人。但是我没有强奸那个女人。"

当天晚上到底发生了什么，或许只有泰森和德西蕾才知道真相。不过，泰森的确是因为"强奸"罪名而被判入狱。泰森入狱之后，由于在狱中表现良好，他被减刑 3 年，于 1995 年 3 月提前假释出狱。许多人认为，经历了牢狱之灾的泰森，肯定会一蹶不振，再也无法抬头。的确，这起强奸案风波是对泰森的沉痛打击，但他并没有因此消沉下去。3 年的铁窗生涯也让泰森改变许多……出狱之后，泰森当即宣布重返拳坛，经过刻苦训练，在他出狱后的第二年，也就是 1996 年，他两次取得世界重量级拳击比赛的冠军。昔日的拳坛王者强势归来，这样的惊艳表现也让世人对他刮目相看！遗憾的是，这样的辉煌只是昙花一现，几个月之后他就被霍利菲尔德打败，丢掉了拳王金腰带。从此之后，泰森时代一去不复返，在事业走下坡路的同时，泰森也一直麻烦不断，债务缠身。1997 年，泰森向拳王霍利菲尔德挑战，因不满对方屡次搂抱，一怒之下，他竟然咬伤了对方的耳朵，为此，泰森不仅被吊销拳赛执照，还被罚款 300 万美元。之后，与前妻的离婚纠纷让泰森身心疲惫，而与经纪人的经济纠纷，更是让泰森债台高筑。为了偿还债务，2005 年 6 月，已经 39 岁的泰森再次走上拳击赛场，他与拳手麦克布莱德在华盛顿进行了一场拳击比赛，然而，这次他却被对手迅速击败。泰森被击倒后冷静了许久，表情显得屈辱而无奈，不久之后，泰森正式宣布退出拳坛。

纵观泰森充满戏剧性的人生历程，人们对他本人的评价始终说法不一。那么泰森到底强奸了德西蕾没有？泰森究竟是怎样的一个人呢？

泰森到底强奸了没有？很多人都认为，泰森本来就是一个大恶棍，他是一个大色狼、畜生，是野兽。不过，这里列举两件事情可以说明泰森在品性方面鲜为人知的一面。

第一件事情，是少女轮奸案。1987 年 12 月的一天晚上，一名 16 岁的黑人少女大学生在自家附近被 6 名白人轮奸了，其中一名是白人警察。轮奸了这名黑人少女之后，他们还在她胸前写上了“Nigga”（黑鬼），并把这个少女赤身裸体地扔进了一个垃圾箱。这件事情公布之后第二天，泰森带着他的妻子来到了这名受害少女家里看望她、安慰她。这名少女当时感动得热泪盈眶。她说：“我真想和你一起走出去，这样就没有人敢欺负我了。”这件事发生几个月之后，也就是 1988 年 2 月，泰森向这个女孩捐赠了 5 万美元，资助她上大学。而且，泰森事后还专门为此成立了一个受害者基金，每年都往里投钱。这件事情引起了美国黑人非常大的反响，他们都认为泰森确确实实是黑人中的英雄，很仗义！美国有一所大学还专门授予泰森人文学名誉博士的光荣称号，用来表彰他在体育方面做出的贡献，为社会做出的贡献。所以，从这件事情来看，泰森有他善良的一面。但是，有一些人对泰森有另一面的评价，说他是“野兽”。泰森觉得有点无奈：“是媒体在推波助澜诋毁我的形象，他们告诉读者我是垃圾，而实际上我具有很多身份，我是一个父亲，我是一个丈夫，我是某些人的兄弟，我是一个被确认的刑事犯，我是一个重罪犯，我是一个重量级拳击冠军，但人们只选择我最坏的东西写，这就是他们所描绘的我。”

第二件事情，是拒拍色情片。泰森从监狱出来之后，生活上穷困潦倒，有人甚至说他连孩子的奶粉钱都供不起。2003 年 8 月，泰森申请破产。他最后一笔债务达 5500 万美元，这笔债务偿还之后，他兜里仅剩 5500 美元。所以，泰森面临着再就业的问题。就在这个时候，还真来了一个机会。2005 年 8 月，美国著名的色情片制作人阿尔夫邀请泰森出演一部色情片，这部色情片的女主角是美国最红的色情明星詹姆森。其实这是一个“名利双收”的好机会，在美国拍这种色情片成本很低，回报却非常高。更何况，与色情女明星詹姆森合作更容易出名。所以有人说，泰森强健的体魄终于有了用武之地。也有人说，泰森如果把练拳击的这股劲头用在拍色情片上一定会成功。不过，就在这一年的 9 月 30 日，穷困潦倒的泰森公开宣布，不愿意出演色情片。他说宁可饿死也不愿意演色情片。这件事情也可以说明，泰森虽然很粗鲁、很野蛮，但是他有自己的道德底线，不光彩的事情，他宁可饿死也不愿意干！

泰森到底强奸了没有呢？在泰森出狱当天，也就是 1995 年 3 月 25 日，美国有一个机构专门做了一次民意调查。这次调查统计发现，在美国黑人中，73% 的人认为泰森在法庭上没有得到充分的申辩机会。在美国白人中，有 30% 的人认为对泰森的判决不公平。事情往往就是这么矛盾，关于人们对泰森的评价，有的人认为他是魔鬼，有的人说他是天使。作为泰森来讲，他的桃色事件太多，他干的坏事也太多，所以说他是魔鬼。而在泰森的粉丝眼中，泰森在拳坛上暴风疾雨般的拳风，就是一种最精彩的表演。

通过对泰森强奸案整个案情了解之后，我们对泰森有一个什么样的评价呢？或许我们可以用五个字来概括这个人，那就是“很傻很天真”。在泰森的概念里，拳王冠军是理所应当的，金钱财富也是理所应当的，美女也是理所应当的。他觉得这些东西都是上天必然给他的，这就是泰森的法则。但是，当泰森遇上了德西蕾，这个法则就失灵了，他终于身陷囹圄，这个时候他自己也不知道为什么，但是他必须为此付出代价，必须为此埋单。正如泰森他自己所说：“我是世界上最不负责任的家伙，原因在于我才21岁的时候，你们就给了我5000万美元，或者说1亿美元，我不知道怎么花。我是从贫民窟出来的，当有一天，我犯了错误，我才知道我是世界冠军。我究竟是谁，我自己都不知道，我是一个傻瓜，然后自以为是一个人物，我被愚弄了，然后你们要我自己来负责。”

梦露死亡之谜

玛丽莲·梦露是美国20世纪最著名的电影女演员之一，也是美国人心目中的性感女神。金发、红唇和被风吹起的裙子，这些都已经成为了她的标志。1999年，她被美国电影学会选为百年来最伟大的女演员第六名。人们欣赏她动人的电影表演，也好奇她饱受争议的人生经历。她16岁结婚，有过三段婚姻，却没有一段能够长久。她36岁突然死亡，而死因至今还众说纷纭。玛丽莲·梦露，她似乎从出生到死亡，都像谜一样让人看不清，直到几十年后的今天，依旧让人有探寻的冲动。

第一讲　骤然离世

玛丽莲·梦露是美国20世纪最著名的电影女演员之一，也是美国人心目中的性感女神。金发、红唇和被风吹起的裙子，这些都已经成为了她的标志。1999年，她被美国电影学会选为百年来最伟大的女演员第六名。人们欣赏她动人的电影表演，也好奇她饱受争议的人生经历。她16岁结婚，有过三段婚姻，却没有一段能够长久。她36岁突然死亡，而死因至今还众说纷纭。玛丽莲·梦露，她似乎从出生到死亡，都像谜一样让人看不清，直到几十年后的今天，依旧让人有探寻的冲动。

确实如此，在20世纪50—60年代的美国，玛丽莲·梦露这个名字几乎是无人不知，无人不晓。即使在今天，她仍然是很多人心目中的"性感女神"。可惜，1962年8月5日，玛丽莲·梦露被发现死于自己家中，年仅36岁。此时，玛丽莲·梦露风华正茂、风头正劲，她的骤然离世成为当时的爆炸性新闻。当天凌晨，美国最大的通讯社美联社获得消息之后，立即向全世界及美国各地发布新闻，标题是："一代明星香消玉殒"。原文说道："好莱坞著名女影星玛丽莲·梦露于8月5日清晨3时许，死于洛杉矶市郊自己家中。"

死亡当天，警方公布：梦露系服用过量安眠药致死。在警方的声明中，选用的字眼是"致死"——既未说自杀，也未说是被害，只是很客观、很简单的通告。

一代明星裸死家中，这个消息足以让人们大吃一惊，可在惊叹之余，人们也在纷纷猜测，风华正茂、事业如日中天的玛丽莲·梦露怎么会突然香消玉殒。服药过量是因身患疾病，还是有着其他的隐情？关键是，在梦露死亡的当天究竟发生了什么呢？

我们首先回看一下，梦露死亡之前和什么人在一起，做了一些什么事情？1962年8月4日下午5点15分左右，梦露曾给她的私人心理医生格林森博士打过电话。格林森博士是个神经病学专家。梦露跟他通话的内容，在警方对格林森博士的询问中，他是这么说的。在电话里，梦露告诉格林森博士："最近一段时间我很郁闷，心情烦躁，老睡不着觉。"她问格林森："我睡不着觉，你觉得我该怎么办？"而关于梦露为什么郁闷睡不着，属于个人隐私，所以格林森博士也不好细问，于是在电话中，格林森博士这样回答梦露：你别老关在家里，最好出去走走，到海边散散步，溜达溜达，或许回来之后，你心情会好一些。当时，梦露回答了一句"谢谢"就放下了电话。后来，梦露也并未去海边散步，这一点，梦露的私人护士莫里太太可以证明。莫里太太和梦露同住在这个郊区的别墅里。莫里太太跟警方说，梦露当时打完电话之后转过身来对她（莫里太太）说，要不咱俩去海边溜达溜达？这句话刚刚说完，莫里太太还没有来得及回话，梦露本人就迟疑了一会儿，转过身回自己的房间了。快到房间门口时，又转过身来对莫里太太说了一声"晚安"就没再出过门了。

莫里太太没想到，这句晚安竟然是她与梦露最后的对话，玛丽莲·梦露再也没有走出自己的卧室。虽然有些失眠，但是总体看起来，身体状况不错的梦露，为什么会突然死亡呢？这一系列的事情，让人看起来似乎有种说不出的诡异。那么在梦露回房后，又发生了什么，梦露的死亡又是被谁发现的呢？

关于梦露死亡的发现经过，据洛杉矶警方立案报告记载：莫里太太说，那天晚上她一觉醒来已经是半夜了，这个时候她发现梦露的房间灯还亮着，她觉得很奇怪，就起身来到梦露的房门口。她试着开门，却发现门反锁着，而屋里面也没有一点动静。于是，莫里太太就从院子外边绕到梦露房间的窗口前。梦露房间的窗户挂了窗帘，莫里太太透过窗帘缝往里看，发现梦露很怪异地趴在床上。此时，莫里太太感觉不太对劲，就给格林森博士打电话，请他尽快赶来。几分钟之后，格林森博士赶来，他们俩找了一根铁棍子，把窗户砸开，进入了梦露房内。进去之后，两人发现，梦露脸朝下、赤身裸体地侧趴在床上，身上搭着一条被单。梦露的一只手伸向桌上放着的电话，而电话筒不知怎么已经掉了下来。格林森博士发现梦露此时已经失去知觉，于是就赶紧给附近的一个内科医生打电话。内科医生过来后，确认梦露已经死亡。直到此时，三人决定报警。

一代明星骤然离世，突如其来的变故，让梦露的众多影迷不知所措，赤裸的身体，垂下的电话，给人留下了无尽的联想，在那个不为人知的深夜，究竟发生了什么？面对一代明星的离世，美国的舆论又会掀起怎样的风暴呢？

美国媒体对这件事情非常关注。当时已经是清晨四五点钟，天都快亮了，正常情况下，美国各大报社的报纸已经印刷好并且准备发行了。而在获知梦露骤然离世这一消息后，很多报社临时作出决定：撤去一些稿件，把梦露死亡的消息作为头版头条。还有一些报社来不及撤稿，就直接发行“号外”来公布这个劲爆消息。与此同时，各大报社也纷纷派出得力干将——精明能干的记者——分赴各地，找梦露生前的好友、同事甚至以前的老公（梦露曾经离过三次婚）了解情况。有人就曾说，媒体对梦露死亡这件事的关注程度，跟美国总统竞选都有一拼，甚至有过之而无不及。这其中的原因主要有三点：

第一，梦露在人们心中的地位无与伦比。美国总统竞选四年一次，历任总统各有特点，都有特点就相当于没有特点，因为总统太多了，大家关注不过来。而对于梦露则不一样，她很独特，前无古人，后无来者。当然，这并不是说梦露戏演得多好，得过多大的奖。大家都知道，奥斯卡奖是电影艺术的权威。而梦露，作为世界知名好莱坞明星，她演出的影片以及她本人却从来都没得到过这一殊荣。梦露其实只是一个普通的演员，但是，在美女如云、众星璀璨的好莱坞圈子里，梦露之所以如此出众，她最具独特的优势和魅力就是两个字：性感。可以说，作为一个演员，你演戏演得再好，可是你没有梦露性感，观众特别是男观众就不一定会买账。对男人来讲，梦露是梦寐以求的性感女神；而对女人来讲，梦露也是众多女性羡慕和模仿的对象。电影《七年之痒》中有一个镜头，叫“梦露捂裙”，其描绘的是这样一幅场景：一位风度娴雅、绰约多姿的金发女郎，一袭性感、露背的白色裙装，来到地铁口。此时正好一阵微风吹来，金发女郎的裙摆被风吹得飘了起来，这位金发女郎在一阵惊慌之中用手捂住了自己的裙摆。就这样，一种憨态可掬的“惊慌”，一种天造地设的飘逸，展示了女人性感的另一个层次：纯天然。这个动作的原创就是玛丽莲·梦露。从此以后，很多女明星有意无意地想去复制这个场景，往往都是弄巧成拙、东施效颦。所以说，梦露是通杀型的，不分男女，童叟无欺，人见人爱，花见花开。她就是永远的性感女神，永远的性感符号，毫无争议！什么叫性感？梦露就是性感，梦露就是性感的评判标准。梦露生前所拍的照片，光彩照人，百看不厌。在那个时代，不管是中学生的书包里，还是大老板家中的客厅里，少女们的卧室里，艺术影展的画廊里，都是梦露的性感身姿。甚至在战场上，美国士兵阵亡，身上没有子弹，没有干粮，没有遗书，但就有梦露的照片！她是美国士兵杀敌的强心剂，在20世纪50年代的朝鲜战场上，美国军队专门请她去做战前大动员，为士兵鼓劲儿，这就是好莱坞性感女神。而在她死后，她这个称号一直后继无人。所以说，梦露在人们心中的地位无法动摇。

第二，在于她身边的男人。作为一名性感明星，梦露身边肯定围绕着很多男人。这些男人中，除了三任丈夫，其他的就是情人了。在美国，对梦露垂涎三尺的男人不计其数。刚才我们说，梦露是通杀型的，从百姓到总统，这并不夸张。在美国的上流社会，有一个半公开的秘密，这个秘密，得分三层来讲。第一层是，梦露跟肯尼迪总统有“关系”。肯尼迪1917年出生，1961年当选总统，44岁；梦露1926年出生，那个时候35岁，一个是权力顶峰的总统，一个是无与伦比的性感女神，无论从年龄上、身份上还是颜值上，梦露和肯尼迪这对英雄美人，似乎很般配。这个半公开的秘密的第二层就是，梦露还跟肯尼迪的弟弟，也就是罗伯特·肯尼迪之间也有“关系”。当时罗伯特是美国司法部部长，身份也不差，当然还比总统年轻，梦露跟他有“关系”，也算是英雄美人配，似乎也说得过去。而这个秘密的第三层，就有点说不过去了。那就是，梦露同时跟肯尼迪兄弟有“关系”，而且这件事肯尼迪兄弟俩是知情的。梦露身边有肯尼迪兄弟这两个在美国举足轻重的男人，现在梦露突然死了，你说是不是比美国总统竞选更轰动？

媒体超常关注的第三个原因，就是关于梦露的死因。前边我们说到，新闻报道里选用的字眼是安眠药“致死”，既没说是自杀，也没说是被害。人们就会提出很多疑问，渴望知道事情的真相。如果是自杀，人们不能理解的是，这个如梦幻般的女人，年仅36岁，应当是鲜花盛开的年龄，喜爱、崇拜她的人不计其数，从百姓到总统，从总统到总统的弟弟，这么一个受宠的幸运之神，集美貌、名气、金钱于一身，应当是世界上最幸福的女人，为什么会想不开呢？如果是被害，人们同样百思不得其解：这可是总统的女人啊，司法部长的女人啊，兄弟俩还罩不住她？到底是谁这么大胆，向梦露下此毒手？有什么目的？所以说，关于梦露是自杀还是被害，也是人们非常关注的内容。

媒体的超常关注，让梦露的死亡更加夺人眼球。赤裸的身体，垂下的电话，是否能带来其他的线索？梦露的一只手指向电话筒，这个动作是不是在暗示着什么？随着警方的介入，对梦露死因的调查，又会有怎样的突破？

洛杉矶警方称：他们接到报案的准确时间是 8 月 5 日凌晨 4 点 20 分。接到报警之后，警察即来到现场。当时，格林森博士、莫里太太和那个内科医生都在场。警方随即开展现场勘查，发现整个房间很干净，很整洁，井井有条，没有任何被骚扰的痕迹。梦露赤身裸体，身上也并没有任何刀伤、砍伤之类的明显伤痕。但在房间的床头柜上，警方提取了两样东西。一样是一个倒扣着的安眠药瓶（巴比妥酸盐），瓶子是空的；另一样就是一个空杯子。这个杯子经检测曾用来装过一种化学药品——水化氯醛，其实就是催眠药的主要成分，可诱导人入睡，大剂量服用可引起昏迷和麻醉。然后，警方请来当地最有名的验尸官野口，他是一名日本人，也是洛杉矶地方的首席验尸官，已任职十年。野口过来进行初步的验尸，在他的验尸登记本上记载：

验尸号码：81128

姓名：诺玛·琼·蓓克（梦露原名）

种族：白人

性别：女性

年龄：36 岁

身高：166.4 厘米

体重：53.3 公斤

其他：胖瘦适度，营养良好

接着，野口根据梦露尸体发生的变化，比如尸僵、尸斑、尸温等，进行了死亡时间判断，他推测梦露死亡的时间应该是在 8 月 4 日晚 8 时至 9

时之间。

验尸官野口认定梦露是在 8 月 4 日的晚上 8 点到 9 点间死亡。而梦露最后一次给私人医生格林森博士打电话是当天下午 5 点 15 分。这三个多小时内到底发生了什么？野口又是根据什么推断出梦露的死亡时间，这对梦露死因的调查又能起到怎样的作用呢？

死亡时间是如何判断的呢？验尸官野口的初检报告上显示，他主要根据尸僵、尸斑、尸温这三方面状态来确定的。

第一方面是根据尸僵判断的。就是看尸体的僵硬程度，一般情况下，尸体在死后 30 分钟至 2 小时内会硬化，9 小时至 12 小时完全僵硬。野口根据梦露尸体的僵硬程度推断，梦露的尸体确实僵硬了，但还没有完全僵硬，因此死亡时间应在 9 小时以内。

第二方面是看尸斑的变化。尸斑是血液由于重力学原理积存于尸体皮下而出现的特有斑痕。用指压尸斑的方法，人死后 6 小时至 12 个小时指压时会有一定的褪色，超过了 12 小时，就基本上不会褪色了。验尸官用手指压在梦露身体上有尸斑的地方发现，尸斑有褪色。因此，死亡时间应在 6 小时以上。

第三方面是通过尸体的温度来判断死亡时间。人死后体内停止产热，尸体的温度大约每小时会下降 1 度。

当然，这些还需考虑死者的年龄、体格、死因以及尸体放置的环境因素。所以，根据以上情况，再加上最后的综合分析，即尸斑融合成大片、尸僵全身出现、角膜浑浊、嘴唇皱缩，用缩瞳剂、散瞳剂滴眼，瞳孔反应微弱，等等，据此综合情况推测，梦露死后经过的时间应为 8 小时左右。也就是说，梦露的死亡时间，应当在 8 月 4 日晚 8 时至 9 时。这是在尸体进行解剖之前，按照法医学的知识对死者死亡时间进行的初步确定。

梦露的死亡，显得非常突然。而且，死亡之后 8 小时才被发现。1962

年 8 月 11 日，洛杉矶警方和检察机关公布了梦露的死亡报告：“死者系白种人，蓝色眼睛，身高 166.4cm，体重 53.3kg。死亡状况由恩格尔贝格医学博士验证，死者系服用巴比妥酸盐和水化氯醛过量，自杀身亡。”

这个消息一经公布，立刻遭到了人们的质疑，很多人不能相信他们心中的性感女神会自己结束自己的生命。不久后，警方对梦露的尸体进行了全面尸检，出人意料的是，梦露的尸体却被发现有着重大的疑点，并且解剖师犯下了两次严重错误，这两个错误直接导致梦露死因调查陷入了僵局。这样的两个错误，究竟是无心之过还是为了掩盖真相的故意而为？梦露尸体上的疑点又是什么呢？

请看下一讲：诡异尸检。

第二讲　诡异尸检

36 岁的美国明星玛丽莲·梦露被发现赤身裸体死在家中之后，警方开始勘查现场，并迅速确定梦露死于自杀。警方的反应如此迅速，他们到底是根据什么来确定梦露死于自杀？

一时间，梦露死因引起了报社记者和粉丝强烈的关注。洛杉矶警方介入后，通过调查走访和现场勘查，初步了解了梦露死亡之前的一些活动，验尸官对尸体也进行了初步检验，通过尸僵、尸斑、尸温这些方面的状况确定了梦露死亡的时间。

重大的刑事案件，在现场勘查之后有一个临场分析的过程，即对案件的一个初步判断，或者说感觉和直觉，以确定侦查方向。对梦露之死，警方在现场勘查之后初步认定，死者系自行服药死亡，主要理由在于：

第一，室内无他人进入痕迹。门是锁好的，窗户是关好的，无打斗拉扯及其他异常痕迹，也没有发现他人进来的迹象。如果是他杀，凶手从何而来？

第二，现场发现安眠药和催眠药空瓶。好莱坞明星自杀的例子非常多，并不奇怪。梦露精神状态一直不是很好，母亲有精神病史，经常靠安眠药睡觉，产生了很强的药物依赖性。梦露或许是确实不想活了服药自尽，或许是不小心吃了不该吃的药，或者吃多了药，这样都有可能导致其死亡。

第三，死者身上无明显外伤。梦露死亡的时候赤身裸体，身上也没有明显伤痕。曾经有记者问她:“梦露小姐，你晚上穿什么款式的睡衣睡觉?”梦露说:“香奈儿五号。”香奈儿五号是法国名牌香水，那么梦露到底穿什么睡衣睡觉呢?梦露是靠自己完美的身体出名的，她会不会特意选择“裸死”呢?

严重的精神病史、对药物的依赖和滥用，再加上渴望家庭却遭遇三次失败婚姻，这些因素都可以成为梦露自杀的理由，当然，这些因素也使梦露的死显得更加扑朔迷离。因此，警方这个初步结论公布之后，社会上产生了极大的争议，很多影迷都不敢相信这个事实，他们认为梦露不会干这种傻事。在他们看来，确定自杀还是被害，其实并非难事，只需要做一件事情就可以查清:把梦露的肚子打开，看看里边有没有药，也就是解剖。

后来，梦露的尸体确实被解剖了。警方在征得上级同意后，将梦露的遗体送往加州大学洛杉矶分校法学院解剖室进行解剖。负责梦露尸体解剖的人，是法学院的托马斯·诺古奇，他曾获得解剖学博士学位，是法医学界的青年才俊。

诺古奇博士工作责任心强、解剖技术高超，其本人也是梦露的忠实粉丝。但是，他万万没想到的是，他梦想的性感女神，突然见上帝去了，而且上帝安排将这个性感女神的躯体由他来进行解剖。那一天，他早上上班临时接到这个通知的时候，做梦都没想到会在这种意外的场景看到自己心爱的女神。就在诺古奇博士把梦露尸体上的白罩单揭开之后，他有些惊慌失措。

给梦露做尸体解剖，让诺古奇博士非常兴奋，自己心中的性感女神竟以这样的方式出现在自己的面前。可让人意想不到的是，也许是激动，也可能由于紧张，诺古奇在此次解剖过程中，竟然犯下两次重大的错误，这两个严重的错误，直接让诺古奇被认为是谋杀梦露的凶手之一，这究竟是怎样的错误，诺古奇博士又是怎样犯下错误的呢?

诺古奇博士在进行尸体解剖之前，首先拿着放大镜，在梦露尸体上进行了细致的察看，即找寻有没有针孔。梦露的尸体的正面并没有查到任何东西，但在梦露的身体翻过来后，诺古奇博士在梦露尸体左边的髋骨下边发现了一块很小的乌青、瘀斑。这个瘀斑的颜色是青紫色、浅层次的。稍有医学常识的人就会发现，这块瘀斑面积虽不大，但是是一片新伤，是死亡之前受到的一种轻伤。诺古奇把这一点记录了下来。然后，诺古奇分别检查了梦露的消化系统、心血管系统、泌尿系统、血液循环系统、内分泌系统和生殖系统，并一一做了详细的记载。在尸体解剖报告中，关于死者的消化道，是这样记录的："胃容量不超过20cc，未见任何残存药丸。胃内容、十二指肠所含物，经超声波检查，未见任何折射晶状物。小肠内残存物，未见明显异样。"亦即，在梦露的胃里，甚至大肠、小肠里，都没有发现药物残余。这一点让诺古奇博士也很意外，他当时就认为，梦露并非口服药物自杀的。

但是，从尸体解剖报告的记录上来看，也有疑问：一方面，尸体解剖报告中提到，梦露尸体胃中有不足20cc的胃容量，她临死前所吞服的大量药剂能不能在这么快的时间里被全部吸收了呢？另一方面，如果梦露生前服用了大量药剂，那么在尸体解剖报告中，为什么在胃里没有发现未消化的药丸或胶囊？喉管、食道、胃壁上也没附有剩余药粉？

带着这些问题，我们也可以进行分析，梦露如果想自杀，她把药和胶囊一把一把地从嘴里往胃里放，那么她肯定是在消化的过程中死亡的，但是并不可能那么巧，最后一粒胶囊消化后，立马就死亡。所以如果是服药自杀，梦露肚子里肯定会有点残留，特别是胶囊，众所周知胶囊并不是很好消化的。

梦露不是服药自杀，这和警方最初公布的结果大相径庭，但是诺古奇并没有在梦露的胃里发现任何残留药物，这是不是就能够说明梦露根本没有服用任何的致死药物？梦露的尸检究竟能够发现多少秘密？解剖师诺古奇又会做出哪些惊人的举动呢？

当然，诺古奇作为梦露的粉丝，他并不愿意听到梦露是自杀的这个结论，而从心里先入为主地倾向于有人谋害了梦露。但是，虽然诺古奇自己认为梦露并非吞服药物自杀，他还是做了一些很细致的记载。

在记录本上，诺古奇记录了这么一段话：血已抽样，保持原状，已做酒精和戊巴比妥酸分析，肝脏、肾脏、胃及胃内容物、尿及肠道，均已取样，已做独立分析。在最初的时候，警方公布梦露是服药自杀的，而诺古奇博士在梦露的肚子里并没有发现药物残余，此时诺古奇可能是出于一种义愤，想叫广大的人们都知道梦露的肚子里面没有药物残余，于是在之后他就把这份验尸报告公布了出来。这件事引起了轩然大波，警方声称梦露是服药自杀的，但为什么梦露的肚子里没有发现药物残余？怎么又可能会是自杀？所以更多的人开始觉得肯定有人谋杀了梦露。这是诺古奇犯的第一个错误。

解剖结果公布后，马上引发了人们的热议。梦露胃中为何没有药物残留，难道梦露真的是被谋杀的？髋骨上的淤青从何而来？没想到，不久之后，诺古奇博士公开的验尸结果竟然很快就被推翻了！他之前私自公开的结果究竟错在哪里？第二个严重的错误又是什么呢？

诺古奇博士所公布出来的这个结论，只是他自己的观察结论。事实上，他后来取了一部分样本，包括胃内容物、尿液，将这些样本送到化验室从而得出的化验结果，才是最精确的结论。事实也证明，实验室给出的化验结果，恰恰与诺古奇博士的结果完全相反。化验员们在梦露的血液和肝脏里检验出来了两样毒素，一种是戊巴比妥酸，也就是安眠药的主要成分，还有一种就是水化氯醛，催眠药的主要成分。这个结果也就说明了，梦露确系死于安眠药、催眠药毒素。

梦露的血液和肝脏里发现了毒素，这个结果和诺古奇博士公布的结果大相径庭，这时的诺古奇会做出怎样的举动，那个让诺古奇被认为是“谋杀同谋”的错误又是什么呢？

此时的诺古奇变得非常绝望。为什么绝望呢？第一，自己的观察结论出错了，而且公布出去了。第二，他并不希望梦露是自杀，而是先入为主地认为梦露是被人谋杀的，而化验结果又与他的推测正好相反，梦露就是死于安眠药与催眠药。而这个时候的诺古奇，正是因为他的绝望，又犯了一个巨大的错误。诺古奇此时认为，反正化验结果已经出来了，血液、肝脏里边都查验出来有安眠药和催眠药成分，所以其他的一些胃内溶液、尿样这些样品，已经没有了检验的必要性。于是，他直接让化验员放弃了检验，把其他的样品全部扔到了垃圾筒。

得知化验的结果和自己公布的结果大相径庭，解剖师诺古奇草率地将其他样品丢弃，这就是他犯下的第二个错误，那么诺古奇的这个举动会给之后的调查带来怎样的麻烦呢？

梦露的血液、肝脏里虽然存在安眠药和催眠药成分，但是，如果梦露是口服药物造成死亡的，那么药物必然要经过消化系统的吸收，这样胃里、大肠、小肠，特别是肾脏里，就都应该能够化验出安眠药、催眠药成分。而诺古奇博士草率地放弃对尸体胃内溶液、尿样等样品的检验，直接忽略了一个重要的问题，那就是安眠药和催眠药也可能是直接注射到梦露体内的。这样没有经过消化系统，直接进入到血液、肝脏，这必然预示着极大可能的他杀性，除非梦露自己给自己打针，但现场没有发现针管。因此，诺古奇虽然知道梦露是死于安眠药和催眠药，但他并不能说清这个药到底是如何进入血液和肝脏的，是口服进去的还是打针进去的，而这些样本已经被他全都扔进了垃圾筒，梦露的尸体也已经火化无法再提取新的检材样本。

所以，诺古奇的尸检结果公布出来，当然引起了广大群众的异议，人们骂他是同谋！诺古奇身败名裂，成为众矢之的。

诡异的尸检之后，梦露被“谋杀”的说法成为了人们谈论的中心，很多人相信梦露就是被人谋杀致死的。面对如此局面，梦露死因的调查又该如何展开，可不久后，为什么梦露死于“自杀”这个说法又被大多数人接受了？在这段时间里，究竟发生了什么？

此时，鉴于当时的情况，诺古奇博士所在的法学院决定从另一个角度去证明梦露究竟是自杀还是他杀。他们把全社会的视线引向了另一个方向。法学院通过聘请心理学专家组成委员会，从而试图从心理学角度来研究梦露到底是否可能会自杀。

这个委员会后来也被称为“自杀”委员会。其实，“自杀”委员会背后真正的出资者是保险公司。保险公司之所以要大费周章地成立这个“自杀”委员会，主要在于：梦露作为国际巨星，生前曾在保险公司投保。此时，如果梦露是他杀，保险公司可能要支付巨额赔偿。因此，保险公司希望“自杀”委员会能够收集有可能指向梦露自杀的相关证据和线索，从而逃避赔偿。

关于自杀，传统理论往往单纯地以个体心理学来解释。其实，自杀并不是一种简单的个人行为，而是对个人、对社会的一种反应。由于社会的发展变化造成了社会环境的不稳定状态，破坏了对个体来说非常重要的社会支持和交往，个体同社会团体甚至整个社会之间的联系发生障碍并产生离异，极大地削弱了人生存的能力、信心和意志，此时就往往会导致自杀行为的产生。

因此，“自杀”委员会成员对梦露的成长经历、生活背景，亲朋好友，特别是丈夫和情人，进行了广泛的调查和了解，以试图从日常的心理状态轨迹分析判断她究竟有没有自杀的可能。

“自杀”委员会成立后，就对梦露的死因展开调查。他们翻阅了大量资料，走访了梦露各个时期的邻居，调查的时间段从梦露出生到死亡这36年。在调查的同时，人们发现，不仅梦露的死因成谜，梦露的身世更是一个解不开的谜团。首先摆在调查人员面前的难题就是，梦露那剪不断理不清的噩梦般的童年！究竟梦露的童年发生了什么，这些童年经历是否和梦露的突然死亡有着某种关联呢？

请看下一讲：噩梦童年。

第三讲 噩梦童年

性感明星玛丽莲·梦露神秘死亡，死亡原因众说纷纭。“自杀”委员会深度调查，梦露谜一样的身世逐渐被人们知晓。梦露多次说自己是个孤儿，可在调查时却发现梦露其实早就知道了自己的生父，但她为何要对所有人撒谎？童年经历如噩梦般如影随形，年幼的她到底经历了什么？这些经历和她的突然死亡又会有什么关系呢？

应该说，梦露是猝死，没有任何先兆，突然地、没头没脑地死去了。而且，到现在半个世纪过去了，对于梦露到底是怎么死的，一直还都是一个谜。而破解这个谜团的难度非常大，各种原因很多，一方面在于这起疑案的本身，自杀？他杀？情杀？仇杀？似乎都有可能，既可能涉及政治因素，也可能涉及情感纠葛；另一方面，就是这起疑案的主角梦露，她自身都是一个谜，很多人都搞不清楚梦露的身世、婚姻、情人，甚至梦露自己都不知道她的亲生父亲到底是谁。

玛丽莲·梦露曾经在公开场合说过自己是个孤儿，她自己都不知道亲生父亲是谁，或许梦露真的不知情，但她总是给人一种遮遮掩掩刻意隐瞒的感觉，这究竟是怎么回事？为了弄清这个谜，还得从梦露的出生开始说起。

1926 年 6 月 1 日，玛丽莲·梦露，原名诺玛·琼·贝克，出生在洛杉矶一家平民医院里。她的母亲诺玛·琼·格莱斯蒂，在洛杉矶一家电影厂工作。之所以说梦露的生父不明，主要因为梦露的母亲情感经历非常复杂，生下梦露的那一天也根本没人探望，所以梦露也不能确定自己的生父是谁。梦露母亲曾经对她说，梦露的生父在一次车祸中丧生了。可是，在成长的过程中，梦露还是少不了被同学们耻笑，说她是私生子。

不过，通过梦露母亲的情史，可以在一定程度上分析、判断甚至确定梦露的生父到底是谁。

1916 年，梦露母亲才 14 岁，聪明漂亮，充满活力。这一年，梦露母亲认识了一位 26 岁、名叫约翰的商人，两人一见钟情，展开热恋。一年后，约翰向梦露母亲求婚，得知这件事，梦露的外婆非常高兴。梦露的外婆穷了一辈子，此时女儿给自己带回一个女婿，商人，二十多岁，家境殷实，长得还很帅，于是立马同意了。而且，为了让他们尽快结婚，梦露的外婆把梦露母亲的年龄从 15 岁改成了 18 岁。婚后，梦露母亲生了一个女儿叫伯尼斯，一个儿子叫杰克。1921 年，真实年龄为 19 岁的梦露母亲向约翰提出离婚，原因不详。约翰在离婚后带着两个孩子远走他乡，去向不明。1924 年，梦露母亲认识了面包师马丁·爱德华·莫藤森，又相爱结婚了。四个月后，梦露母亲和面包师马丁感情再次出现危机，对于到底是谁厌倦了谁，众说纷纭。之后，在一次车祸中，面包师马丁丧生，这段短暂婚姻也就宣告结束。而在此期间，梦露母亲已经开始与一名叫吉弗特的汽车司机约会。问题就出现在这里：这个期间，梦露母亲发现自己怀孕了，这个孩子就是梦露。

梦露的母亲在同一时间和两个男人保持着亲密的关系，这个时候怀孕，孩子的父亲究竟是谁？作为母亲她又如何向女儿解释这个问题？为什么她的话没有说服梦露，反而让她从此宣称自己只是个孤儿，把自己的身世深深隐藏了起来？她童年的经历与成名后的突然死亡之间又有什么联系？

聚光灯下的梦露光鲜亮丽，是人们瞩目的焦点。但是在生活中，她也有着不为人知，甚至是不堪回首的往事。童年时期，由于母亲私生活混乱，梦露甚至不知道谁是自己真正的父亲，这也成为她成年后不愿提及的话题之一。她一直对外宣称自己是孤儿，而把有关出生的事情深深地隐藏了起来。那么，她所隐瞒的真正的童年究竟是什么样子？她不想提及的父亲又究竟是谁？

梦露母亲曾经亲口告诉梦露，她的父亲在车祸中丧生了。这样说来，梦露的亲生父亲很可能就是面包师马丁，因为马丁就是因车祸丧生。这个时候梦露心中已经知道自己的亲生父亲是谁，只是一直对外宣称是孤儿的梦露，不愿意把这个真相公之于众。她这样做的目的是什么呢？梦露一生走的是孤儿路线，她始终维持着自己是一个无依无靠的孤儿和受害者的形象，目的是为了获得公众的同情和关注。

正如先前提到，梦露母亲与她第一任丈夫曾生过一儿一女。1939 年，这个女儿伯尼斯出现了，并且想方设法与梦露母亲取得了联系。伯尼斯告诉梦露母亲，弟弟杰克很早就病死了。同时，梦露母亲也告诉伯尼斯，你还有一个同母异父的妹妹，她叫梦露。而那个时候，梦露一直在孤儿院里，并没有机会与她见上一面。直到 1946 年，这对姐妹才得以相见。此时的梦露是喜忧参半。喜的是终于找到了自己的亲人，忧的是她已对外宣称自己是孤儿，媒体死死盯着自己的私生活，如果他们知道突然出现了一个姐姐，肯定解释不清楚，后果难以想象。不过，姐姐伯尼斯非常善解人意，她答应妹妹保守秘密，不对外公开，只说是朋友关系。2001 年，在梦露 75 周年诞辰的时候，伯尼斯才委托一个拍卖行将梦露写给她的信公之于众，这批信件是从 1946 年她们相见开始，直到梦露死亡之前的。这说明梦露确实对自己的身世秘而不宣。

说到这里，梦露的亲生父亲到底是谁呢？有一份资料，或许可以解答这个问题。梦露曾经在一份结婚文件上签署了一个这样的名字：诺玛·琼·莫藤森。显然这个时候梦露已经成年了，梦露认为自己的姓是莫藤森，莫藤森就是面包师马丁的姓，这样也正好与梦露母亲所说的相符合，梦露的亲生父亲在车祸中丧生了。

这样看来，梦露的生父，就是她母亲的最后一任丈夫，面包师马丁。父爱的欠缺让梦露的童年一直处在一种不安定的环境下，她成年后的性格特征，又和这段难以说清的童年有着哪些联系？

梦露的身世，是一个谜。梦露的童年，更是一个噩梦。这些经历持续摧残着梦露的身心健康。可以说，梦露的童年是凄惨的，梦露的身心是不健康的。

外婆和母亲虽然很爱她，可是，很小的时候，外婆就因患有“狂躁型精神病”去世。母亲生活贫困，同时爱情又屡屡受挫，后来也犯了精神病住进疯人院。所以，梦露的童年是在许多穷亲戚、穷街坊家寄养度过的。

1946 年，梦露 20 岁。她在接受一名叫希莱尔的记者采访中说出了一段鲜为人知的遭遇。在梦露 9 岁那年，她所寄养的那户人家把家中一间房租给了一个中年男人。这个中年男人是个单身汉，看上去很严肃，貌似很有品位，左邻右舍都挺尊敬他。有一天，梦露经过这个男房客的门前，这时房门突然开了，男房客不慌不忙地对梦露说：“请到屋里来，诺玛……”那个时候梦露还不叫梦露，叫诺玛·琼·贝克。梦露乖乖地进去了，呆呆地站着，两眼盯着这个男人，非常害怕。这个时候，男房客望着梦露，一边微笑，一边把房门反锁上了……整个过程，梦露不敢喊叫。后来，男房客打开了房门，梦露就跑了出去，并把这件事告诉了女房东。但是这位女房东却说，你怎么敢说他的坏话呢，他是个好人，是我最好的房客。这个时候，男房客走过来，为了把梦露支开，给了她些零钱，让她去买东西吃。后来梦露就没敢再提这事。

在梦露去世前不久，又有记者问起这件事，梦露回答说：“确实是这样，我知道那是不对的。不过，老实说，我那时觉得什么都很好奇，从来没有人告诉过我关于这类问题，坦率地说我从来不认为那是如何重要，或者是什么错事。”梦露的心理医生格林森博士也承认了梦露向他谈过这件事情。不过，格林森博士认为，梦露可能患有一种“受虐待幻想病”，这种病可以产生受虐待的幻觉，你很难搞清楚她什么时候在编故事，什么时候在说真话。但这也并不是说梦露故意欺骗谁，可能是她自我合成的事实与自我陶醉的一种幻想。格林森还说了梦露的一件事，在梦露大概 13 个月大的时候，有一次她睡着了，梦露的外婆看到梦露睡得好香，长得很像梦露母亲，心里非常喜欢。这个时候，有可能是她想到了自己和梦露母亲的不幸，也有可能是她家族遗传的精神分裂症起了作用，梦露外婆忽然试着用被子闷死梦露，梦露拼命挣扎才逃过这一劫。梦露说，她非常清晰地记得那种窒息难受的感觉，因为这段经历，她就得了睡眠恐惧症，睡前习惯服用安眠药。关于这件事，也有很多人怀疑：13 个月大的孩子，能够清楚地记得这个经历，似乎有些不太可信。而这件事情是真是假，也已无法考证。

不过，我们刚才提到过的，现在也又可以证明的是，梦露一再强调她是孤儿，一再向媒体讲述她的悲惨经历，就是为了博得众人同情和关注，使自己处于受害者和受保护的地位。当然，这是可以理解的，孤儿和私生女的身份，使梦露有一种不安全感，渴望得到关怀和怜爱，这也是无可厚非的。

难以言说的身世，让梦露的身心饱受折磨。选择沉默，伪装成一名孤儿，或许是对自己最好的保护。“自杀”委员会还了解到，一心渴望着温暖和关爱的梦露，在童年时期还经历了更为悲惨的生活，那更悲惨的生活是什么？这些遭遇又在她的内心深处打上了哪些烙印呢？

事实上，梦露就是一个孤儿。梦露从小就没有享受过真正的母爱。

9 岁的时候，梦露因为没人愿意收养她而被送进了孤儿院。在孤儿院里，梦露首先住在一间有 20 张床的宿舍里，这些床是编号的，从 1 到 20。孤儿院里有规定，刚刚进来的孩子，睡 1 号床。如果一段时间表现好，就可以挪到 2 号床，依次往上挪。挪到 20 号床了，也就是这间宿舍最高级别的床位，这样就可能换到另一间宿舍，这个宿舍的床会少一些，环境会舒服一些。而这个过程，快的也得好几个月。梦露那时很乖巧、很听话，几个月后，很快就晋升到了 20 号床，下一步就准备换到另一间更好的宿舍了。但有一天早上，梦露起床晚了，正在飞快地收拾床铺，管理人员等得不耐烦，立即吼了一句："滚回 1 号床去！"几个月的努力付之东流。所以说，梦露在孤儿院的日子也是很难过的。

到了 12 岁，为了逃避孤儿院中非人的虐待，梦露悄悄地逃离了孤儿院。梦露妈妈有一个叫安娜的好朋友，梦露管她叫安娜姨妈。安娜姨妈就收养了梦露，也直到这时，她才有了读书受教育的机会，日子也稳定下来，开始读小学上中学。安娜姨妈的生活虽不富裕，但她喜欢梦露，而且心地善良。因此，梦露对安娜姨妈，始终保留着亲切良好的印象。在安娜姨妈家里，她有了自己的小屋，自己的小书桌。

同时，梦露也极度缺乏父爱。她心中最崇拜的人物是亚伯拉罕·林肯总统。她找来一张林肯的照片，把它放在镜框里。林肯总统睿智的眼睛，慈祥的面容，梦露看着看着，一种爱的感觉油然而生。在梦露很小的时候，梦露母亲曾经指着林肯总统的照片对她说："这个人，就是你的父亲。"于是在童年中，她一直将林肯总统当成父亲，崇拜他，喜爱他，想向他诉苦。

可以说，童年的梦露过着颠沛流离的生活，而父爱和母爱的缺失，导致年幼的梦露长期存在着不安全感，对生活有一种恐惧心理。为了抚平这些沧桑，梦露期待着出现一个像父亲一样的人，能够爱护她，保护她，不离不弃，她想尽快找到一个属于自己的归宿。

从“自杀”委员会了解到的情况来看，梦露从小缺乏父爱和母爱，孤独、无助、没安全感，充斥着她的童年生活，自幼就成为孤儿的她，比任何人都渴望幸福，但一次次的伤害，让梦露的幼小心灵备受折磨，但这些资料还不足以说明梦露是自杀，接下来，“自杀”委员会又开始对梦露生前的成名之路和感情生活做起了文章，调查过后才发现，梦露的感情经历起起伏伏，几经大喜大悲，难道这些经历就是梦露自杀的原因吗？一代性感明星的感情生活又是怎样的呢?

请看下一讲: 坎坷成名路。

第四讲　坎坷成名路

性感明星玛丽莲·梦露神秘死亡，“自杀”委员会深度调查，她的迷雾般的身世逐渐被人们知晓。为什么一场裸照风波，能让默默无闻的梦露从平民一跃成为巨星？三次失败的婚姻究竟给梦露带来怎样的伤害与打击，这和她的神秘死亡是否有着千丝万缕的联系？

玛丽莲·梦露神秘死亡之后，本就是众人关注焦点的她更加成为了人们谈论的中心。在“自杀”委员会的调查下，梦露身世的谜团逐渐被人们打开。梦露的童年极具悲剧性，母亲患有家族遗传的精神病，不能照顾梦露，所以梦露先是被寄养然后又被送到孤儿院生活，从小缺乏父爱和母爱，孤独、无助、不安全感，充斥着她的童年生活。梦露期待着出现一个像父亲一样的人，能够给她一个属于她自己的归宿。于是，在梦露 16 岁再一次走投无路的时候，她义无反顾地投向了一个男人的怀抱。

1942 年，梦露当时一直寄养在安娜姨妈家，可是此时安娜要迁居外地，梦露又没地方栖身，此时安娜准备把梦露再次送回孤儿院去。梦露因为之前在孤儿院的经历，一听到孤儿院就浑身发抖，慌不择路下的梦露作出了一个重大的决定。这一年，16 岁的梦露结婚了，这个男人是比她大 5 岁的远洋船队的年轻工人多尔蒂。当时多尔蒂虽然比梦露年长 5 岁，还不能算是一个严格意义上的男人，两人都很年轻，每当放假的时候，他俩一块儿看电影，无拘无束地聊天，过着平静、单纯、快乐的日子。可是一旦梦露被送回孤儿院，这种平静安逸的日子就被打破了。当时梦露就问多尔蒂怎么办。多尔蒂年轻气盛，立马向梦露承诺说:“不用担心，你不用回孤儿院了，我来养你。”于是他俩手拉着手去见了安娜姨妈，安娜姨妈就成了证婚人，刚刚 16 岁的梦露当了新娘。

这次婚姻，就像小朋友玩过家家的游戏一样，注定不会长久。婚后的梦露开始学习洗衣做饭，幻想过上美满生活。可是，安逸的日子从来都不属于梦露。婚后第二年，新郎出海远航去了，把梦露一个人丢在家里，梦露没有工作，成了留守妇女。新郎留给她的钱根本不足以供她温饱，她也打过工，但毕竟还小，根本无法糊口。这时多尔蒂开始对她厌烦了，认为是梦露拖累了他，他们开始争吵，家庭生活不再和谐。1945 年初，多尔蒂应征入伍，参加海军。从此他既无来信，也再没有回来看过梦露。到底是他有意分手，还是在战争中阵亡，也就不得而知了。

16 岁的梦露之所以盲目地选择婚姻，是为了躲避再次回到孤儿院的厄运。可婚后生活的艰苦是梦露万万没有想到的，在度过了一段孤苦、艰难的日子后，梦露要去工作养活自己，但她并没有什么一技之长，不到 20 岁的她又能干些什么呢?

梦露当初结婚，就是害怕做孤儿。现在结婚了，还是这么不明不白地成了孤苦伶仃一个人，而且日子过得更加孤苦和艰难。做人得靠自己，当然，还要点运气。可以说，是命运之神让梦露成为了性感女神。

1946 年，梦露才 20 岁，一面是年轻漂亮，光彩照人；另一面却是个无业游民，无亲无故。换句话说，当时的梦露，除了美丽一无所有。梦露开始给一些杂志画报做封面模特，这个时候梦露拍了很多照片，都是很规矩的那种。梦露也是通过做模特，才有机会走入好莱坞。1946 年 7 月 29 日，《洛杉矶时报》刊登了一条简短的消息:“霍华德 · 休斯（好莱坞老板）偶然拿起一本杂志，即被封面女郎所吸引。他当即批示助手找这个封面女郎签订拍片合同。她就是诺玛 · 琼 · 贝克，一个模特儿。”霍华德的电影公司就相当于明星的摇篮，曾经成功地打造出很多电影明星，所以他特有的职业敏感发觉，这个封面女郎有潜质，有明星范儿。这样，20 岁出头的梦露顺利地通过面试，一不小心就走进了自己从小神往和憧憬的好莱坞大门，开始了她新的人生。

当时的梦露还不叫梦露。第一次面试的时候，制片人就问："姑娘，你叫什么名字？""诺玛·琼·贝克。""这名字可不怎么顺口！要想当明星，必须有个喊起来响亮、好听、朗朗上口的名字，明白吗？"后来，就有了玛丽莲·梦露这个名字。电影公司的制片人知道一个美丽女人的价值，他们发现这是一块有待雕琢的璞玉。梦露有几个特点：一是气质如出水芙蓉般清丽；二是身材如魔鬼般迷人；三是音色如银玲般动听、圆润；四是笑容有如梦幻般的风采，特别是腮边那颗美人痣，可以说是梦露独有的魅力。所以，制片人决定让她走性感路线，把梦露包装成一名"性感明星"。

可是，好莱坞并不是人们想象的那样简单，明星是少数，很多人是跑龙套的。幼稚而单纯的梦露，一开始，就乖乖地在导演们的指挥下，为了"剧情需要"，扮演一些无关紧要的配角，性感女友、小三、情妇等，不是勾引男人，就是被男人引诱。为了保住饭碗以维持生活，梦露不得不听从一切命令，不敢提出任何异议。

梦露在 20 岁时便踏进影视圈，却始终不得志，饰演的角色也都默默无闻，没有人能够记住她。这种境遇却在一夜之间彻底颠覆了，玛丽莲·梦露这个名字瞬间充满了美国的各个街道，一时之间，梦露竟然成了人们街头巷尾谈论的中心，究竟是什么事情让默默无闻的梦露瞬间变成了大众的焦点呢？

梦露之所以能一夜成名走红好莱坞，这个过程中，发生了一件非常有名的事情，也就是"裸照风波"。

应当说，1952 年裸照风波的发生，使梦露出名。但是，这场风波的伏笔，却是在三年前埋下的。1949 年，梦露已经是一名演员。不过，毕竟是跑龙套的，梦露生活拮据，经常付不起房租，有时甚至是吃了上顿，没有下顿，处境十分尴尬。这时，梦露想起来一个人，这个人就是汤姆·凯利，《生活》杂志期刊的摄影师。汤姆是梦露当初做模特的时候认识的，当时他为一家广告公司拍摄月历，这里头，大概需要一些妙龄少女的裸照。汤姆看见如花似玉的梦露之后，要求为她拍裸照。汤姆也并不是有什么邪恶的想法，就是觉得梦露条件很好，符合工作的艺术创作需要，价格高点都行。可是，当时的梦露二话没说就拒绝了，因为她认为拍裸照是有失尊严的、可耻的事情。可是现在，梦露已经穷困潦倒到连吃饭睡觉都成了问题，为了生存，她就不得不反过头去找这位摄影师。1949 年 5 月 27 日，汤姆在他的摄影棚里铺开了一大幅红色的毛毯，为梦露拍下了她人生中的第一次裸照。梦露提了三个要求：一是除了汤姆之外，汤姆的妻子必须在场，此外不能有任何其他人在场。二是在拍摄的时候，尽量要使她能够不被认出来。三是只能拍两张，分别是站着和躺在红色毛毯上的两种姿势。

事情完毕之后，梦露获得报酬 50 美元。这次拍裸照，对梦露而言，仅仅是解了燃眉之急，而真正的获利者，却是别人。可以说，摄影师汤姆把照片卖给月历广告公司，得到的报酬是近 1000 美元；而广告公司用梦露的照片做成了挂历“金色梦幻”，成为当年的畅销品，销售了几百万份，赚了 70 多万美元；后来一再重印，累计利润高达数百万美元。

不过这是在两年之后的事情了，因为此时期的美国发表裸体照片是有伤风化的。广告公司当时还有些担心，也就并没有马上采用梦露的裸照。但是由于利润实在诱人，广告公司终于在两年后找机会进行了发行。而这张裸照，也就像一颗定时炸弹，给梦露带来了一次很大的麻烦。

1952 年初，此时的梦露已经度过了跑龙套的初级阶段，开始正式接拍电影，梦露当时拍了一部影片，叫《夜阑人未静》。而就在这时，几乎是在一夜之间，这本裸照挂历出现在大街小巷，餐厅、酒吧、理发店的墙上，甚至加油站里，都有加油赠送的。有人就发现，裸照的女主角，正是电影里边的女演员梦露。在那个时代，拍摄裸照并不被认为是一种艺术活动，而是一种有伤风化的行为，甚至是不正经的女人才干的事情。更何况，在公共场所把裸照挂出来，不是美国大众所能接受的事情。因此，美国的妇女组织以及一些宗教团体，就开始到梦露所在的电影公司兴师问罪。质疑这个裸照主角是不是叫梦露？一个电影公司怎么能雇用这样一个女人拍电影。与此同时，一大批记者也跟着掺和进来，越炒越热。

电影公司当时压力也很大，既不敢承认这件事情，也不能否认。虽说正常情况下，电影公司与梦露签订的合同里边是有“演员的品行条款”的，发生了这件事，电影公司解雇梦露是完全没问题的，这样也可以很快挽回公司的声誉。可是，电影公司却并不敢贸然决定解雇梦露。因为此时公司有两部梦露参与的影片尚未公映，一部是《无需敲门》，另一部是《我们没有结婚》，还有一部《夜阑人未静》则正在放映，这个时候因为裸照事件解雇梦露，那么她参与的这几部片子，很有可能会受到强烈抵制，轻则失去票房，重则遭到禁播，无论哪种结果都会给电影公司带来巨额的损失。而这对梦露来讲，损失也是极其惨重的，因为结果只有一个：那就是离开演艺界并且臭名远扬。

这时的梦露，遇到了她事业的第一个真正的困境，一旦裸照事件处理不好，自己立刻就会身败名裂，之前的种种努力全部付之东流，梦露不可能直接承认裸照事件的主角就是自己，可面对诸多疑问与指责，梦露能够渡过这一难关吗？

这个时候，有两个人出面帮梦露解了围。第一个人，就是我们先前说到的《生活》杂志社的摄影师汤姆。此时的梦露正是一颗冉冉升起的新星，《生活》杂志正打算刊发一篇关于梦露的文章，而这时却发生了裸照风波，杂志社也开始犹豫，这事儿怎么处理好，发还是不发？汤姆就找到杂志社负责人，说明了情况，出了个主意。汤姆建议，在这个报道里以正面的方式略微提及梦露拍裸照的事情，然后在报道中配上一幅缩小的裸照，并附上照片说明："为了生活必需的钱，梦露甚至当过月历的裸体女郎。"最后，为了突出人物，这期刊物的封面也以梦露为主角。不过，这次可不敢用裸照了，用的是梦露的近照。

这期《生活》杂志发行之后，引起了极大的震动，人们的看法发生了极大的变化。他们既崇拜这位脱颖而出的女影星，又同情她曾经的遭遇——为生活所迫，当月历的裸体女郎。

第二个人，是一名女记者。她为裸照这件事采访梦露，梦露也很机灵，借着这个机会，她想办法回避其他人，单独把记者叫到一边，正面承认裸照就是自己的，并将事情经过和盘托出，事实也是这样，当时是生活困顿，没钱付房租，没编故事没撒谎。梦露对记者也是这样说的："我是因为肚子饿，才拍裸照的。"这名女记者最终以一种极具同情心的笔调讲述了梦露的故事并刊发在了媒体上。

舆论能够让一个人下地狱，也能让一个人上天堂。这两次报道迅速扭转了梦露在裸照风波中的不利地位，并将这次丑闻变成了一次成功的个人宣传，大大提高了梦露的知名度。而关于那几部电影，不用电影公司过多宣传，票房火爆异常，梦露的明星地位迅速奠定了下来。同时，曾经被官方认为是淫秽物的梦露的裸照，在这场风波之后，却不声不响地进入美国人民的起居室，大家纷纷把梦露的裸照放大了，挂在家里。人们喜欢观赏，而且是从艺术的角度来观赏。所以说，梦露的裸照风波激发了人们内心的生命活力，梦露在美国早期性革命浪潮中，起到了推波助澜的作用。

在好莱坞成功站住脚的梦露，越来越受到人们的喜爱，她也从一个普通演员变为性感女星，随着梦露交际的范围不断扩大，她的第二次婚姻从天而降，也正是这段婚姻给了梦露最沉痛的打击。

梦露的第二任丈夫，是美国棒球冠军乔迪。在美国，棒球是传统的体育项目，普及率相当高，因此乔迪在美国人气很旺，拥有众多粉丝。梦露与乔迪是在一次名人聚会上相识并相恋的。1954 年，他们在纽约举行了婚礼，两位明星喜结连理，轰动了全美。刚开始，棒球冠军很自豪，一个绝代佳人、电影明星被自己征服了，他甚至未与梦露商量就对外宣称，妻子梦露将放弃自己的电影事业，回归家庭，安心相夫教子。梦露知道之后不是很高兴，说我可没说过这话，现在让你放弃棒球你会愿意吗？话是这么说，梦露其实也尽了妻子的本分，学习做饭，学习做家务，陪陪老公，小两口日子过得还不错。然而，就在他们出去度蜜月的时候，却发生了一件令乔迪非常不愉快的事情，使这两个明星之间的感情有了隔阂。

1954 年 2 月，他们结婚之后，到韩国去度蜜月。那个时候乔迪十分意气风发，堂堂的美国棒球冠军又娶到了这么漂亮的老婆。但是他哪里能想得到，他这个棒球冠军出了国之后根本就一文钱都不值，梦露的名气在国外比他大得多，虽然他和梦露来到韩国，受到很多人的欢迎，但是别人欢迎的是梦露，并不是他，这一点让他很难过。而且当时驻在韩国的美国军队，专程把梦露请到军队，给他们作表演。更让乔迪悲哀的是，别人对他的称呼，称呼他为梦露小姐的先生，名字都省了。这让乔迪十分伤自尊，此时乔迪在美国应当是风头正劲的时候，而他本人大男子主义也非常重，他觉得老婆名气比自己大，面子上过不去。

韩国之行只是一个苗头，导致梦露第二次婚姻失败的直接导火索，却是另外一件事情。半年后，梦露接拍影片《七年之痒》。在这部片子中，梦露担当女主角，影片中有这样一个场景：片中的男主角请他的女邻居出去吃饭，女邻居就是由梦露饰演的，他们吃完饭，看完电影，回来的路上，梦露站在地铁口，突然一阵风刮起来，当时梦露穿着白色的裙子，风掀起衣裙，裙摆飘起来，高高地扬在腰间，露出了内裤。

这次的拍摄地点在曼哈顿，电影公司为了对这部片子进行宣传，就将这次拍摄做成了一次公开表演。当时满街贴的都是影片的画报，很多梦露的粉丝都赶来看热闹。更何况许多人都知道，要公开表演的是吹裙子的镜头，所以看热闹的人更是里三层外三层。这个镜头，放映的时候很短，拍摄的时候却很令人头疼，当天花了两个小时，来来回回反反复复地拍。谁也没想到，梦露的老公乔迪居然也在现场。乔迪接到了老朋友的电话，说梦露在这里拍吹裙子的电影，于是就到拍摄现场来探班，而可能就是拍摄过程中有的时候把裙子吹高了一点点，作为梦露的丈夫，乔迪就特别不舒服。

这一次，乔迪不容不让，发了大脾气，甚至动了手，梦露再也无法忍受乔迪的大男子主义和粗暴。她思前想后，如果还想演电影，那就必须选择分手。而直到分手的时候，乔迪才发现他是深爱着梦露的，但是一切已经无法挽回了。分手后，两人没怎么联系，但是梦露和乔迪的儿子还会经常打电话。在她死亡的那个晚上，她还跟小乔迪通过电话。不过，乔迪对梦露也是真爱。梦露死前精神状态非常糟糕，乔迪一直在医院陪伴；梦露的后事，也是乔迪来料理的。

《七年之痒》成就了梦露，百老汇竖起了高达 52 英尺的巨幅宣传画，画面上就是“梦露捂裙”这个经典造型。公众面前的梦露是性感女神，演艺事业走向辉煌。而众人背后的梦露，因为第二次婚姻的失败，开始服用安眠药、镇静剂。

又一次的婚姻失败将梦露彻底击垮了，那段时间的梦露情绪非常低落，生活一团糟。人们一度认为，性感女神会因为婚姻失败而退出影坛，而梦露也根本没有精力去应付工作，在这种生活状态下她身心俱疲，直到她遇到了自己的第三任丈夫——阿瑟·米勒。

那一段时间梦露非常不顺心，后来就出现了她的第三任丈夫，阿瑟·米勒。阿瑟·米勒身材高大，气质斯文、严肃、含蓄，个性内敛、清高，他是20世纪50年代美国好莱坞著名剧作家，那时已经在美国艺术界非常有名，好莱坞很多导演都想拍他的剧本。

梦露本来一直都很崇拜有文化修养的人，正好米勒得知了梦露婚姻情况后，表示同情和理解，两人经常一起谈心，一来二往，梦露和米勒互相产生了好感。1956年6月，米勒和梦露举行了结婚典礼。但五年之后，这段婚姻又告结束。米勒对这段婚姻的评价是，他认为，刚开始他们是幸福、恩爱、互相欣赏、互相爱慕的，因为这段时间相当于是米勒在辅助梦露成就她的事业。在米勒的帮助下，梦露事业如鱼得水。然而，在这个过程中，米勒越来越觉得自己就像一个工作机器，因为梦露太热爱她的演艺事业了，也太需要米勒的关怀、安慰、照顾、鼓励了，米勒不再是米勒，完全没有了自己的生活，失去了自我。米勒知道，梦露的一生注定与好莱坞分不开，而他自己与戏剧也不能分开。他们都没有必要为了对方而牺牲自己的事业。1960年，米勒实在受不了这种生活，与梦露离婚了。米勒的突然离开，使梦露又成了无依无靠、没人管的人，梦露心里很难过，哭得很伤心。因为对梦露来讲，米勒就是她的精神支柱，这样突然离开，太残酷、太自私，梦露根本无法接受这个打击。

原来光彩照人的梦露竟然有着如此心酸的过去，自幼就成为孤儿的她，比任何人都渴望幸福，经历三次婚姻却都以失败告终，这一次次的伤害、挫折和磨难，让梦露备受折磨，那么“自杀”委员会公布这些调查结果究竟会起到怎样的作用，这些尘封往事究竟和梦露的死有着怎样的关系呢？

“自杀”委员会经过一段时间的神秘采访之后，他们最终认为，梦露的经历，让她产生了极强的自卑感、孤独感。同时，她的家族有精神病史，梦露自己也有自杀前科。所有这些资料加上警方所公布的所谓的自杀依据，“自杀”委员会认为，梦露确系自杀而亡的。

尽管“自杀”委员会搜集了大量资料，给出梦露自杀的理由也比较合理，但是还是有一部分人深信梦露是被谋杀致死，感情挫折和事业上的大起大落，只能说明梦露有着自杀的理由，可理由并不等于行动，“自杀”委员会根本没有找到能够说明梦露自杀的直接证据，况且不论是梦露的死亡现场，还是梦露的尸体上，都存在着明显的疑点，这些疑点警方根本没有解释清楚，那么这些解释不清的疑点究竟是什么？梦露死亡的谜团又将会怎样解开呢？

请看下一讲：自杀？谋杀？

第五讲　自杀？谋杀！

梦露之死，众说纷纭，诸多疑点逐渐浮出水面，让“谋杀”一说看起来合情合理。44年后，知情人的爆料，更加让人们相信，梦露的确死于“谋杀”，可这幕后黑手竟然大有来头。

“自杀”委员会最终认为梦露是自杀的。我们从前边讲到的梦露成长背景和生活、情感经历，特别是她的第三次婚姻也最终失败，这就让从小是孤儿的梦露在混了三十多年后又成为一个无依无靠的人，对生活失去了激情和信心。因此从这个意义上来看，梦露有自杀的念头，也是很正常的。但是有念头并不等于一定就会自杀。更何况，现场有诸多现象也无法用自杀来解释。

第一，没有留言、没有遗书，没有反常迹象。经过对卧室进行全面检查，屋内收拾得整整齐齐，这一点确实有点像自杀的架式。但是，警方在卧室里并没有发现任何留言或者遗书，这样的自杀，就显得有些没头没脑。突然自杀，总要为什么事吧？梦露本人也并无反常迹象。据警方调查，梦露死亡之前，包括此前几天，从饮食、穿着、表情等，都没有发现企图自杀的蛛丝马迹。这样来讲自杀就显得很突兀。

第二，没有水以及呕吐物，没有服药的迹象。梦露房间里，没有发现装水的杯子，事实上根本就没有发现水源，梦露卫生间的水管还在维修，水龙头不能用，没有水，那这药是硬吞下去的？并且，根据医药专家的解释，服用过量的安眠药会产生呕吐现象，而死者周围和房间干干净净，没有任何呕吐物。因此，说梦露服药自杀，不合情理。

第三，梦露死前在打电话。现场勘查表明，梦露死亡时，一只手伸向电话，电话筒从桌子上垂下来，这说明了什么问题？是梦露在昏迷之中想拿电话，打电话报警吗？还是在打电话的时候，突然遭到了意外？关于这一点，后面会有详细的讲解。现在着重分析关于梦露是否吃药的问题。莫里太太提供了一个线索：晚上七点半，她看到梦露跟一个人打电话，而且谈笑风生。如果这个情节属实的话，首先可以说明，梦露死之前心情还是不错的。同时还可以确定，如果当时梦露在七点半一边打电话一边口服安眠药、催眠药，那么到八点多钟死亡，还不到一个小时的时间里，药物不可能消化得那么快。也就是说，解剖的时候，胃里可能会发现一些药物残余。这说明，梦露在七点半之前并没有吃药。而且莫里太太还说，一般情况下，梦露只要吃了安眠药，或者催眠药，吃药之前肯定要把电话挪到房间之外。为什么呢？因为她睡眠质量不好，好不容易吃药之后睡着了，万一有电话把她吵醒怎么办？所以睡觉之前，她总是要把电话挪出房间。那么，七点半之时，电话还在房间里，而且梦露还在打电话，此时梦露肯定没有吃药，所以说梦露是服药自杀，不太合理。

如果莫里太太所说梦露的习惯属实，那么结合死亡现场就可以看出这其中的蹊跷。在死亡现场，电话是垂下的，说明当时梦露还在打电话，应该是不会吃了安眠类的药物，可验尸报告中说梦露确实是死于安眠类药物的毒素，这又该怎么解释？这时，很多人又想到了梦露髋骨上的那块淤青，这一小块淤青究竟藏着怎样的秘密？梦露死亡的谜团能通过这块小小的淤青解开吗？

第四，梦露身体上的“淤青”事出有因。在尸体解剖之前，诺古奇博士在梦露的左后腰髋骨处发现了一块面积不大的淤青。当时判断，这是一处新伤，而且肯定是由于外力引起的。瘀斑是怎么形成的呢？一般来讲，肌肉和血管受到猛烈撞击的时候，皮下微血管破裂，血液会从受伤的血管流出，流到周围的组织内。这时白血球很快涌到这块地方，释放出一种酶，溶解蛋白质，从而进行保护。随后，这块地方会慢慢形成一块带颜色的斑块。在这个复杂的过程中，这块瘀斑会慢慢地变色：首先是深紫色，然后再慢慢地变成暗褐色，再变成草青色，最后变成黄色。如果这时肌体是活体，黄色就会逐渐变淡最终消失。梦露身上的这块瘀斑是什么颜色呢？就是最开始的深紫色，也就是说，梦露是在受到这次所谓的“撞击”形成瘀斑之后不久就死亡了。这个瘀斑是怎么形成的？于是有一种非常合理的推论：梦露是被人按住，强行注射了安眠药、催眠药！因为打针的时候，要么是梦露反抗，要么是执行注射者紧张过度、用力过猛才形成这块瘀斑。而最关键的是，这个瘀斑存在的位置太特殊了，就在梦露的左髋骨以下，臀部以上，就是通常我们打针的部位附近。

梦露尸体上的淤青究竟从何而来，从部位和颜色来看，难道梦露真的是被人注射了安眠药吗？能够说明真相的内脏已在尸检时被丢弃，梦露死因的调查又该怎样继续呢？没有了最直观的证据，其他方面还能找到怎样的线索呢？

结合电话和淤青两大疑点来看，梦露的死远非外界公布的那样简单，众多可疑之处隐约在暗示着人们，梦露是死于谋杀，在梦露体内发现了两种致命毒素，这究竟是怎样的两种毒素，是否这些毒素也存在着让人质疑的地方呢？

第五，梦露体内的药量。安眠药主要成分是戊巴比妥酸，人体血液里的戊巴比妥酸含量如果达到 1.2 毫升 %，就相当于处于中毒状态。尸检结果出来，梦露的血液里戊巴比妥酸含量已达到 4.5 毫克 %，戊巴比妥酸致人死亡的剂量在 1.5 毫克 % 至 4.0 毫克 % 之间。梦露体内已经达到 4.5 毫克 %，此含量超过最低致死量的三倍，而且也已经超过了最高致死量。也就是说，这个剂量已足以让梦露死亡。一般人服用安眠药——戊巴比妥酸致死量是 2 克到 10 克。梦露服用的这种安眠药片剂每颗含戊巴比妥酸 100 毫克，如果要使梦露死亡，至少要吃 20 片才能达到最低致死量。但是，现在梦露血液里药物浓度达到最低致死量的三倍，也就是说，梦露至少需要吃 60 片安眠药。再加上肝脏里安眠药的药量，总共大概是多少呢？从梦露的血液和肝脏里发现的安眠药药量，换算成梦露服用的片剂，应当是 60 片到 70 片。

再看催眠药，梦露的血液里浓度已达到 8.0 毫克 %。催眠药的主要成分是水合三氯乙醛，中毒浓度的下限是 3.0 毫克 %，但致人死亡必须达到 10% 毫克左右。而梦露血液里催眠药浓度是 8%。也就是说，梦露血液里面的这个浓度，中毒是必然的，超过了 2 倍多，但是尚不够致死。

现在同样把它换算成药片，梦露服用的催眠药是克片剂，一片含三氯乙醛 0.5 毫克。如果要达到致死量，需要吃多少片呢？需要吃 20 片。刚才说梦露血液里浓度只达到了 8.0% 毫克，也就是相当于死了八成。按这个换算的话，20 片致死，那么梦露估计服用了 16 片左右。再加上肝脏里的剂量，大约在 17 片到 18 片之间。

经过换算，梦露体内的安眠药量是 60 片至 70 片，催眠药量是 17 片至 18 片，除非梦露是自杀，要不然是不可能一次服下这么多药的。那么，这么惊人的药量到底是怎么进入梦露体内的呢？面对梦露体内如此惊人的药量，又一个让人怀疑的细节出现了。

安眠药 60 片至 70 片，催眠药 17 片到 18 片，那么梦露手上有没有这么多药呢？看看装安眠药的瓶子。这个药瓶最多可以装 25 片。警方通过调查，梦露的医生在一周之前给她开了一瓶药 25 片。在这之后，确实又给她开了一个处方：安眠药。对照这个处方到药房去调查，发现处方是 8 月 3 日，也就是在死亡前一天又领了 25 片。这样加在一起就有 50 片，也没有达到60片至70片。而且，据药房的医生反映，梦露第二次取药的时候，是旧瓶换新药，也就是说梦露拿的是空瓶到药房去取的25片药，同时药房登记确确实实只取了25片药。这说明，医生第一次给她开的25片药，她是正常服用完之后，再用空瓶子去装另外的25片药。所以，梦露手头用于“致死”剂量的药品，怎么也达不到60片至70片。

再看催眠药。催眠药杯子装的药应当是20片，梦露是在死亡之前10天开的，这药的服用量怎么来算呢？一天服药量应当是0.5克到1克，也就是一片或者两片。现在20片药，10天前开的，按正常人的服药量，要么这时还剩10片，要么这药刚刚服用完。所以，催眠药也达不到血液里面换算出来的17片至18片。

如此推断，梦露手上不管是安眠药还是催眠药，根本没有足够的药让血液中药物浓度达到那么高。那么，梦露体内的安眠药和催眠药是不是别人注射进去的呢？这就正好回应前边提及的那块乌青。所以，梦露之死，是谋杀！谁干的？

电话、瘀青、药量三大疑点浮出水面，所有疑点都将梦露之死指向了谋杀，可已发现的疑点全是间接线索，很难作为呈堂证供，那是否能有直接的线索来说明梦露真的是被他人谋杀的呢？

谁会有机会来到梦露的闺房？有没有线索反映？从现场来看，梦露死亡时身体的姿势表明，死亡之前，她正在与一个人通话。那么，这位与梦露最后通话的人是谁呢？他是否知道梦露死亡的真实情况？

2006年，在梦露死亡44年之后，有一位叫琼的女士的爆料有如一枚重磅炸弹！她说，梦露是在通电话的过程中被人谋害的；她还说，梦露甚至在电话里不经意地说出了这个凶手的名字！

2006年距离梦露死亡已经有44年了，这位名叫琼的女子为什么直到今日才将所知公之于众？琼到底是谁？她和梦露又有着怎样的关系？她的爆料能够解开梦露死亡的谜团吗？

琼是谁？她为什么要等到2006年才把这件事说出来？琼是梦露第二任丈夫乔迪的姐姐露易丝的女儿，琼应当叫梦露“舅妈”。琼和梦露很早就认识，当时梦露还没有嫁给乔迪，她们俩关系非常好。琼是怎么说的呢？琼说，那天她妈妈露易丝正在与梦露通电话，很可能就是在这个时候，梦露遭到了袭击，在电话里不经意地说出了凶手的名字。但是露易丝不愿意告诉任何人。哪怕是在后来，联邦调查局通过电话查询调查到露易丝这里，露易丝却说：“我不会告诉任何人，不会告诉任何活着的人。”为什么呢？她想让她的家人都好好活着。琼还说，包括她的舅舅乔迪也曾经问过露易丝，梦露在电话里叫出来的凶手是谁。但是露易丝坚决不说。

有可能知道真相的露易丝选择了沉默，为了维护家人的安全，她将这个秘密带进了坟墓，也使梦露的死更加扑朔迷离。不过人们也能从中看出一些端倪，能让露易丝以沉默的方式来处理这件事的人究竟能有几个？在当时，能有这样势力的人并不是很多！那么这背后的神秘人究竟是谁？

在国外，不管是大陆法系，还是英美法系，一切证据都必须在法庭上质证。现代各国刑侦制度都通行一个基本原则：法院有权将任何人作为证人进行询问，甚至强制证人出庭作证。而警察、检察官只能在法院授权之下才有这种权力。所以，在侦查阶段证人可以拒绝提供线索。2006年，琼已近80岁高龄，这时她母亲早就去世了，这条线索也就中断了。相关官方调查文件信息已被列为高级机密，待解密之后才能得到印证。但是，结合死亡现场的情况，这条线索可以说明一个事实：梦露死亡之前确实是在与露易丝通话，她正是在通话之时遭受不速之客袭击或其他意外。

那么，这个不速之客又会是谁呢？1963年8月，美国一本杂志《电影故事》第52页有这么一篇文章——《一年后：杀害玛丽莲·梦露的凶手依然逍遥法外》。文章这么说：你能在人群中瞧见他，甚至能伸手触摸到他，沾到他的气息，因为他是个伟人，全球皆知。你能从电视、甚至影院中看到他，你会如此钦佩他以至于认为他的妻子、孩子是如此幸运。你甚至希望成为他的妻子……几乎每一天你都能从报刊杂志上读到他，这些都让你觉得："这是一个好人，一个光明磊落的人。"然而你永远不会读到、看到他是个杀人凶手。就是他杀害了玛丽莲·梦露……文章声称，这个男人和梦露之间的绯闻发生在梦露生命中最低落的时候，也是这个男人生命中最辉煌的时刻。有人说，这篇文章实际上已说出了凶手的名字。当时是梦露死亡一周年的日子，也是一个非常敏感的话题，作者恐怕也不敢乱说。那么，这篇文章所指的这个男人到底会是谁呢？

杀人案件一般会有因果关系。梦露死亡现场没有抢劫或者强奸的迹象，不为财不为色，想让梦露死，肯定是觉得梦露活着碍事儿。所以谋杀者与梦露的关系应该是非常密切的，梦露对他的影响非常大。这样分析，大家自然会推想，女人的追求，不外乎爱情和事业，如果排除梦露事业上的对手，能够被梦露影响的人，恐怕就是情感方面走得非常近的人了。前边我们谈到了她的三位丈夫，梦露三次离婚基本上都是被丈夫抛弃，同时他们也没有谋杀梦露的迹象和疑点。除此之外，还有谁呢？有很多人将矛头指向了两个人，这两人与梦露的关系或许正好满足了我们刚才推测嫌疑人具备的两个特征：其一，与梦露走得非常近；其二，不想让梦露活，因为她活着碍事儿，会产生影响！这两个人是谁呢？

请看下一讲：危险关系。

第六讲 危险关系

1962 年 8 月，玛丽莲·梦露在家中离奇死亡，而案件中种种无法解释的疑点，竟然将矛头直接指向了当时的美国总统约翰·肯尼迪和司法部部长罗伯特·肯尼迪兄弟。世人究竟为什么会将他们联系到一起？三人之间是否真的曾经有过不寻常的爱恨纠葛？梦露的死又真的和他们两个人有关系吗？

肯尼迪兄弟与梦露到底是什么样的关系？他们怎么认识的？又有什么样的恩怨情仇呢？首先要了解一下约翰·肯尼迪。1960 年，肯尼迪当选为第 35 任美国总统。他打过仗、负过伤，是“二战”中的战斗英雄。但他一向低调，很有修养，也很有幽默感。早在 1952 年，肯尼迪便当选为参议员。那时他才 35 岁，而且是单身，标准的“钻石王老五”：一是多金；二是英俊、帅气；三是能力强；四是接受过良好的教育；五是低调。可以说，在当时的华盛顿，肯尼迪是条件最好的单身汉。更吸引姑娘们的是他的气质和风度，她们常常找各种借口接近他。当时，著名影星奥黛丽·赫本、玛丽莲·梦露都经常是他的座上客。

和当时其他的明星一样，梦露疯狂地爱上了这位风度翩翩的参议员。可是，此时已经逐步成长为好莱坞一线明星、让众多男人心驰神往的梦露，在这场爱情争夺战中，却出人意料的失败了！而更让梦露没有想到的是，打败她的居然是一名论相貌、论名气都远不及自己的普通女子，她叫杰奎琳。这位名不见经传的杰奎琳到底是谁？她究竟又是凭借什么击败号称“性感女神”的梦露而赢得了肯尼迪的青睐呢?

杰奎琳当时是华盛顿《时代先驱报》的一名记者。她文笔好，有朝气，精明能干。论颜值，应该说，在肯尼迪周围的女人中，杰奎琳绝不是最漂亮的，但确实是最能吸引肯尼迪的。与梦露比起来，杰奎琳有三样优势:一是出身背景好。杰奎琳家族在美国社交界的地位非常高。社交界和政治圈，肯尼迪与杰奎琳的结合，与其说是恋爱婚姻的结晶，不如说是一种人为的刻意安排。肯尼迪家族虽然拥有巨额财富，却因为爱尔兰天主教的信仰，使这个家庭不能被载入社会名人录。而杰奎琳家族的声望，可以给予他们金钱所不能提供的社会地位。而梦露，却是孤儿出身，没法比。二是工作体面。杰奎琳是记者，而梦露当时只是一个演员，甚至是性感明星。三是知性气质。杰奎琳文凭高，而梦露几乎没什么文化。所以，杰奎琳胜出，成为第一夫人。

1953 年 9 月 13 日，伴随着一场盛大的婚礼，肯尼迪与杰奎琳正式结为夫妻。7 年之后，肯尼迪更是成功当选总统，入主白宫。然而，他和梦露之间的故事难道真的就这样结束了吗?此时，看上去事业、爱情双丰收的肯尼迪是否会就此安定下来呢?

肯尼迪总统生性风流多情，再加上形象气质佳，所以身边总是有一些美女演员。不管总统有多忙，与美女约会他总不会耽误。对于这种爱好，一般要花费很多时间和精力，肯尼迪是如何处理的呢?有两个人给他帮忙，一个是肯尼迪妹妹帕特里夏的丈夫——演员彼德·罗福德，他专门帮肯尼迪物色好莱坞美女演员，有人称他为肯尼迪总统的“皮条客”。另一个人，就是肯尼迪的弟弟罗伯特。罗伯特是肯尼迪的“消防队长”“灭火器”。一旦总统因为一些桃色事件摆不平，弟弟就出来帮忙。

虽然已为人夫，甚至成为一言一行都备受关注的美国总统，但是约翰·肯尼迪却依然花边消息不断。那么，此时的肯尼迪和曾经疯狂追求过他的梦露之间，是否同样也秘密地保持着某种暧昧关系？而对于肯尼迪来说，梦露在他心中究竟又处于怎样的地位呢？

有人说，梦露与约翰·肯尼迪的特殊关系保持了近10年。1954年，在一个私人派对上，风流倜傥的有妇之夫肯尼迪与性感迷人的有夫之妇梦露邂逅了。他们是双双邂逅的，都有自己的配偶在身边。当时的情形，肯尼迪是眉目传情；杰奎琳是怒目而视。梦露对于欣赏自己的男人，当然会不失时机地展示风情，孔雀开屏；而梦露的配偶，也就是她的第二任老公乔迪，无法忍受，几乎是用拖的方式把梦露带走了。梦露后来与乔迪离婚之后，肯尼迪通过“皮条客”妹夫彼德·罗福德引见，成为梦露时断时续的情人之一。这段关系持续到梦露的第三次婚姻——与米勒结婚，又在1959年梦露第三次婚姻结束之后，他俩的情人关系重新开始了。此时的梦露对自身的魅力处于一种怀疑阶段，越怕抛弃，越被抛弃。由此，梦露需要一个爱情证明：她要让杰出的总统爱上她，成就她自身完美魅力的神话。

但是，肯尼迪总统可没这个想法。他只是希望，这个亿万人追捧的性感女神成为他个人魅力和权力的俘虏。他心中完全清楚，一旦他与一个像梦露这样既出名、感情生活又混乱的女人产生绯闻，这将对他的形象产生致命的打击，对他的总统生涯只有坏处、没有好处。所以，在肯尼迪眼中，梦露只不过是一种情感或肉体的调剂品。不过，梦露一直与总统保持着接触，或者叫穷追不舍。肯尼迪当总统之后，梦露见他就困难一些了。不过，为了能见到肯尼迪，梦露总会想方设法绕开总统周围的警卫和记者。有一次，她要到“空军一号”里去找肯尼迪，于是乔装打扮：戴上棕色假发，戴上太阳镜，手里拿着文件夹，冒充总统的秘书，居然蒙混过关。

虽然已婚，但肯尼迪却还是没能抵挡住梦露的诱惑。然而，就在他们保持这样的暧昧关系并且尽情享受之时，两人之间原本的默契却为何会突然被彻底打破？谁的介入，将让这段本就纠缠不清的感情变得更加混乱？

面对死缠烂打的梦露，身为美国总统的肯尼迪并没有做出任何抵抗，这种纠缠不清的暧昧关系也就在两个人之间秘密保持了下来。一时间，梦露和肯尼迪两人似乎也各得其所。然而让肯尼迪不会想到的是，就在他当选总统后不久，梦露一个近乎疯狂的举动将他推到了危险的边缘。

后来，因为一件事情，肯尼迪开始疏远梦露。什么事情呢？梦露居然直接表达了一种想法：她不想仅做情人，她想成为第一夫人。而且，据肯尼迪的妹夫罗福德说，梦露甚至直接给杰奎琳打电话叫板，说要成为肯尼迪夫人。杰奎琳回答说，如果你向往金鱼缸的生活，那你就试试看。这件事情发生之后，肯尼迪可能就很不高兴了，“小三”直接给原配打电话，不按套路出牌！所以他很可能就把话说白了。说什么呢？他很可能说，梦露你是走性感路线的，你又没什么文凭，甚至说你不是做第一夫人那块料，你不可能转正……这些话确实是提醒梦露，不过很伤人。

作为总统的弟弟兼救火队长，司法部部长罗伯特曾经帮总统处理了许多棘手的难题，因此在肯尼迪总统看来，这一次弟弟罗伯特一定能很好地完成“任务”。然而罗伯特的出场非但没能平息这场风波，甚至还让他自己也身陷其中。而本就说不清道不明的这场情感纠葛，也因为他的介入变得更加混乱。

当时，梦露正处于强烈的感情失落之中，第三任丈夫米勒与她离异，总统也不想娶她，她的精神支柱崩塌了。有好长一段时间，她经常一个人酗酒，经常独自向隅而泣，没有一天不吃安眠药，严重的感情创伤使她的情绪很难稳定。这时候，罗伯特恰巧出现了，隔三差五来看望这位明星。本来是帮助总统哥哥灭火的，可是谁也没想到，罗伯特开始疯狂地追求梦露。罗伯特告诉她说，他和总统哥哥一样喜欢她。这句话分量是很重的，这就是说罗伯特一直暗恋着梦露。梦露在这个时候听了这样一番话，心里非常感动，脸上的表情也耐人寻味。在罗伯特的狂轰猛炸之下，梦露终于成为了他的情人。

罗伯特生于1925年，他只比梦露大半岁，但此时已是赫赫有名的美国司法部部长，有身份有地位。罗伯特曾经非常真诚地表示，一定想办法与妻子埃塞尔·斯卡凯尔离婚，但必须等待一段时间，要等到适当的机会。因为离婚这种事情事关重大，如果不妥善处理，不但会影响到罗伯特本人的政治前途，甚至有可能会影响到整个肯尼迪家族的命运。司法部部长罗伯特的一番表白，得到了梦露的理解，梦露相信了他的承诺。从此，梦露就像换了一个人，幻想着未来更惊人的婚姻的可能性。罗伯特是一个非常热爱工作的人，有着很强的事业心，因此很少有时间去寻花问柳，似乎从未被一个女人迷得如此神魂颠倒。他经常光顾梦露在洛杉矶郊区的华丽别墅，并帮她请了专职护理人员莫里太太和私人医生顾问格林森大夫。这两个人很忠诚，曾经照顾过肯尼迪爸爸。罗伯特还给梦露装上了直通他办公室的专用电话。所以罗伯特和梦露之间的关系似乎不是简单的婚外情，他们是来真的！1962年4月至7月，梦露已经怀上了罗伯特的孩子，当然期望能和他结婚。

原本为了帮哥哥约翰·肯尼迪解围的罗伯特，却在见到梦露后对她一见倾心，而梦露也很快成为了弟弟罗伯特·肯尼迪的情人。然而，梦露的这段感情是顺利地发展下去，还是像上次一样无果而终？在梦露腹中孕育的胎儿，又将带给她一份幸运还是一场灾难？

面对失败的婚姻和破碎的“第一夫人”之梦，梦露几近崩溃。然而此时，罗伯特·肯尼迪的突然出现，却又让失意的梦露看到了一丝希望。随后，梦露更是惊喜地发现，自己已经怀上了罗伯特的孩子。这让一直渴望着婚姻的她，更是对自己和罗伯特的未来充满了期待。然而，尽管罗伯特对梦露百般宠爱，但是他真的会选择和梦露结婚吗？

作为政客的罗伯特，虽然梦露是他梦寐以求的女人，虽然他曾经发过誓要娶梦露，但是他绝对不会跟梦露结婚。为什么这么说呢，有三个理由：一是罗伯特有原配妻子，结婚十年，并且有七个孩子，这样纠来扯去的，麻烦；二是罗伯特爱美人更爱当官，他显然不会为了美色而影响政治前途；三是他当然知道梦露与总统哥哥的关系，如果结婚，不管肯尼迪兄弟多么亲密、多么大度，还是很尴尬的。更何况，当时梦露与肯尼迪总统并没有完全断绝关系，甚至可以说脚踏肯尼迪兄弟这两只船。

梦露暗中成为肯尼迪兄弟俩的情妇，这在美国上流社会几乎是尽人皆知、半公开的秘密。甚至有人这样说，兄弟俩谈工作之余，偶尔谈到梦露，还相视一笑，神秘的一笑！有一张肯尼迪兄弟俩与梦露在一起的照片，或许这是唯一一张他们三人在一起的照片。这张照片非常珍贵，据说这是白宫的摄影师斯托顿将底片放在底片干燥机里躲过了特工的搜查才得以保存。照片看上去给人一种很尴尬的感觉：梦露穿着几乎透明的白色礼服，罗伯特在她旁边，肯尼迪面对他们却又似乎在回避他们：侧身、低头，躲过罗伯特和梦露。这张照片摄于 1962 年 5 月 19 日晚，肯尼迪总统在麦迪逊广场公园举行盛大生日晚会。当时，梦露正在拍片，而且在赶进度，公司不允许缺席。可是她不顾众人劝阻，强行请假，放了导演的鸽子，放了所有演职人员的鸽子，参加总统的生日晚会。事实上，梦露并非总统当晚邀请的唯一演员。可是，梦露非常重视，专门为总统生日定制了紧身长裙，而且明目张胆地称之为“肯尼迪装”，上台为总统演唱生日歌，并在歌声中很明显、很直接地表达了对总统的爱意。这样，至少有三个人觉得梦露有些过分，第一个人当然是杰奎琳，不用多说，梦露当晚盖过了第一夫人的光彩，不过当时杰奎琳不在。第二个是肯尼迪总统，性感女神对总统情有独钟，对肯尼迪来讲，确实有种满足感，不过，太张扬就不太好了。而且之前已经跟你说过你不可能做第一夫人，不是那块料，现在这样张扬，明显就是破坏他的家庭稳定。第三个人就是罗伯特，按日子推算，梦露当时正怀着罗伯特的孩子。所以，罗伯特肯定是有意见的，他难以承受怀着自己孩子的情人却恋着自己的哥哥，更何况自己有原配加上七个孩子！

梦露和肯尼迪兄弟之间就是这样一种关系。现在，梦露突然离奇死亡。死亡之前，在 1962 年 7 月，梦露已怀孕近 4 个月，期待着出嫁。7 月 20 日，也就是梦露死前半个月，梦露把她跟罗伯特的孩子做掉了。半个月之后，梦露死亡！

为了爱情和婚姻，梦露游走于肯尼迪兄弟之间。然而无论是美国总统，还是司法部部长，他们都只是把梦露当作情人，从来没有想过给梦露带来一场期待已久的婚姻。那么梦露和肯尼迪兄弟之间的感情纠葛会不会是她突然死亡的原因呢？游走于这两个人之间，梦露肯定会知道一些常人不能知道的秘密，这样的危险关系，会给梦露带来怎样的下场？

以上能不能说明，梦露的死亡与肯尼迪兄弟有关？仅凭这些恐怕说明不了。那么，有没有相关的实际线索或证据呢？有！

50 多年来，梦露之死一直被迷雾所包围，关键是大多数关于她的官方调查文件仍被列为高级机密。据了解，联邦调查局（FBI）保存的关于梦露的文件有数千页，但此前解密的文件不到 200 页，FBI 称梦露的相关文件和国家安全有关。直到最近，根据美国自由信息法，FBI 才不得不解密另外 500 页关于梦露的文件。解密文件显示，梦露的死亡可能涉及以下几个原因：一、梦露与“苏联间谍”有交往。1962 年，梦露慕名成为亲苏美国人菲尔德的朋友。然而梦露不知道的是，菲尔德一直受到联邦调查局的密切监控，梦露和“苏联间谍”菲尔德的交往全部被 FBI 记录下来。梦露曾到墨西哥跟菲尔德见过面，这件事让肯尼迪兄弟明白，梦露对他们已经构成重大威胁。梦露不仅可能会透露肯尼迪兄弟俩同时和她私通的性丑闻，甚至还会将他们的谈话内容传到美国的“敌人”耳中。对肯尼迪兄弟来说，梦露已经成为一个政治麻烦，他们的“枕边谈话”一旦泄露，很可能会威胁到国家安全。二、FBI 局长掌握奸情。解密文件显示，梦露曾和美国司法部部长罗伯特·肯尼迪谈论过政治问题，而她将自己和罗伯特的谈话内容全都告诉了她在墨西哥的一位朋友。1962 年 7 月 13 日，美国联邦调查局局长胡佛收到爆炸性报告：梦露曾经透露过和美国总统肯尼迪的谈话，梦露问了肯尼迪许多重要问题，而肯尼迪也向“枕边情人”一一做了回答。胡佛称，由于梦露口无遮拦，美国总统肯尼迪的枕边私密谈话，很可能已经传到了苏联克里姆林宫！三、“枕边谈话”日记。历史专家通过查阅 FBI 解密文件，发现梦露之死，可能和她记下的一本“秘密日记”大有关系。这本日记记载了梦露和肯尼迪兄弟俩的大多数“枕边谈话”，甚至还记下了肯尼迪兄弟对付古巴领导人卡斯特罗的计划！解密文件显示，有一次这本日记被美国司法部部长罗伯特·肯尼迪看到，罗伯特被日记中的内容惊呆了，他立即要求梦露将日记毁掉，但梦露显然没有听从他的要求。梦露“自杀”当晚，这本日记从此神秘消失。

这 500 页 FBI 解密文件说明梦露之死真的和肯尼迪兄弟有关系！基于这些错综复杂的关系，肯尼迪兄弟究竟会采取什么样的应对措施？到底是谁向梦露下了毒手？

请看下一讲：真相。

第七讲　真相

性感明星神秘死亡，尸体上的诸多疑点将死因引向谋杀。三部作品更是直接将玛丽莲·梦露死亡的原因揭露了出来，笔下透露的细节让人震惊不已！究竟这三部作品中写了什么？梦露真正的死因是否能在这些作品中找到答案呢？

1962 年 8 月 5 日清晨，美国著名影星玛丽莲·梦露被发现裸体死于家中，警方在勘查现场后，给出了“自杀”的结论。然而警方的这个结论却没有平息世人对于梦露死因的猜测，临终之前打出的神秘电话，尸体上诡异的瘀青，甚至是梦露体内难以解释的安眠药剂量无不隐隐约约地透露出，梦露死亡也许并非自杀，这些无法解释的疑点，将矛头指向了当时的美国总统约翰·肯尼迪和司法部部长罗伯特·肯尼迪兄弟，三人之间的爱恨纠葛难道就是梦露死亡的真正原因吗？梦露死亡的谜团能就此解开吗？

在梦露死后数十年间，各方面陆续爆出惊人内幕，并且都与肯尼迪兄弟有关。然而随着 1962 年 11 月 22 日达拉斯枪杀案中肯尼迪总统遇刺，1968 年 6 月 5 日罗伯特·肯尼迪在加州惨遭暗杀，一切有关肯尼迪兄弟谋害梦露的事实便再也无从考证。1982 年，梦露一案曾欲重新审理，但最终还是因证据不足而无法立案。梦露之死，真的就没个说法吗？其实不然。关于梦露之死，有好几种说法，并且都有一定的线索和依据。

第一种说法，英国记者安东尼·萨默斯通过对 600 余人开展调查，撰写完成一本著作。对于梦露之死，他在著作中提出了一些线索和证据。

首先，是梦露的电话通话记录。美国《先驱论坛报》的一名记者海厄姆斯在 1962 年 8 月 5 日，也就是梦露死亡的第二天一大早，打电话给电话公司的一位朋友，想通过朋友帮忙调取一份梦露所打电话的详单。这位朋友过了一会儿就回话声称电话录音磁盘已被联邦调查局特工取走，而这在之前是没有先例的。就正常程序而言，电话记录应当是首先送入结账系统，经过一段时间之后，调查人员通过电话公司办公室取走电话通话详单。而这次不一样的是，联邦特工在结账之前就直接把磁盘取走了。这样下来，电话不但结不了账，而且任何人再想要电话记录都不可能了，这就相当于把证据取走并隐藏起来。那么这就涉及一个问题，谁有如此大的权力，能够如此迅速和彻底地干预这件事情呢？美国联邦调查局隶属于司法部，梦露是司法部部长的女人，同时也是总统的女人，梦露死亡这么大的事情，谁敢绕过司法部部长取走电话录音磁盘？所以说，电话录音磁盘消失，不管是不是罗伯特安排人干的，至少他是知情者。

梦露的电话录音磁盘被联邦调查局特工取走，这种事确实让人感到蹊跷。如果隶属于司法部的联邦调查局真的是征得罗伯特·肯尼迪同意才做出这件事，那么梦露之死，罗伯特必然难逃干系。但这个推论只是作者安东尼·萨默斯所写书中的一个观点。那么，是否还有其他观点与这个观点相互印证呢？

其次，救护车公司负责人的证言。1982 年，地区检察院在重新调查梦露死亡案时，调查人员获知了一个从未听说过的新情况：那天晚上，曾有一辆救护车被叫到梦露家。这辆救护车隶属于洛杉矶地区最大的私人救护车公司——谢弗救护车公司。该公司的负责人谢弗在 1985 年对该书的作者安东尼说："我们的车拉过梦露多次，都是因为吃安眠药过量。"而这次调查，出现了一个非常微妙的细节，那就是 8 月 4 日晚上，那辆救护车又一次把梦露拉到圣莫尼卡医院，而拉上车的时候，梦露还是活着的。

如果私人救护车公司负责人谢弗所说属实，那么这个细节确实能够引起人们的高度重视，梦露在死亡的当晚竟然叫过救护车，并且上车的时候还没有死亡。可谢弗的话能够被证实吗？作者安东尼·萨默斯还会在书中写下哪些惊人的内容呢？

但是，由于时间已过于久远，谢弗早已不记得当时是谁叫的救护车，也不记得是否有人陪同梦露去医院。另外，公司的档案材料只保留五年，因此通过档案材料，调查人员也无从核实有关细节。此外，圣莫尼卡医院的调查也毫无进展，因为时间已过去 20 多年了，医院相关人员都已经变动。并且，从梦露当晚的状态来看，她也可能是非常憔悴的，因此也存在这种可能：医生根本没有认出来其所收治的患者就是梦露！

那么，是谁叫的救护车，并且在警方到达现场之前将梦露的遗体悄悄送回来？总统的“皮条客”罗福德的前妻说，罗福德曾向她透露过有关梦露的情况。她说，当晚，梦露打通罗福德的电话，挣扎着告诉他说，她不能再多活了，她死了对谁都好，她马上要死了。当晚，罗福德就出去了，说是为了保护受牵连的亲人。按照罗福德前妻的说法，受牵连的亲人应该就是指肯尼迪兄弟，而罗福德的任务也可能就是去掩盖事实真相，打点各方面事情。

最后，关于罗伯特的行踪。1982 年，地方检察官无意中发现了一个报告，说有目击者称曾看见罗伯特·肯尼迪当天下午来到洛杉矶市海伦娜 5 路 57 街 444 号梦露家中。说这话的人，是梦露的邻居，一个叫贝蒂的女人。她说，那天她在家里和亲戚们打桥牌，发现梦露家外面停着一辆车，并看到罗伯特从车里出来，直接去了梦露家。她自称以前也曾经好几次看到他来访梦露。而就这件事情，梦露的私人护士莫里太太却矢口否认，声称她那天并未见到罗伯特。但她也承认，在 4 号下午两点到四点之间，她曾离开梦露住处出去买东西。因此，如果这些都是真的，那么罗伯特出现在梦露家里，一定是在下午五点之前的这段时间，也就是格林森医生来到之前。罗福德的前妻说，罗福德曾告诉过她，罗伯特担心梦露与他的关系被仇敌掌握，这样会毁了他的事业。但是，梦露拒绝接受罗伯特通过罗福德传递的信息，因此罗伯特决定最后见梦露一次，并准备和梦露最后摊牌！

因此，该书作者安东尼在综合所有的证据和线索之后，为梦露一生的最后几天和几个小时勾画出一个剧本：

司法部部长罗伯特同梦露的关系，开始时也许只是为了救火，可是不久就由救火演变成了一场恋爱。梦露或许也动了感情，此时司法部部长感受到了危机，因此就想结束这段关系。这种做法让梦露感到很绝望，她可能想通过威胁“要把这种关系捅出去”，从而控制住罗伯特。于是，罗伯特在4日下午前往梦露家中，与梦露有一次很短暂的见面交谈，着重说明他们之间的这种关系该停止了，说完就离开了梦露家。直到晚上一直是梦露一个人在家，房间里只剩下她的电话和药品。她起初想通过打电话寻求朋友帮助，从而宣泄郁闷的心情。可是，一般的朋友要不就是不在家，要不就是没有意识到梦露此时的反常情绪。而梦露多次给罗伯特打电话，或者通过罗福德转达，也都没能让罗伯特回心转意。就像许多企图抛弃情人的男男女女一样，罗伯特或许认为，最残酷的办法往往是最仁慈的办法，那就是强硬不理，保持距离！所以，当梦露向罗福德家中打了她最后一个电话，向他告别时，声音已经不正常了。这个情况反馈给罗伯特之后，罗伯特感觉不太对劲，于是就在罗福德的陪同下，于当天夜里再次来到了梦露家中。此时，罗伯特发现梦露正处于昏迷状态，但是还有呼吸和心跳。因此，他们立即叫来救护车，送梦露到医院。此时就有人会产生疑问，对于梦露这个在当时可以说是万众瞩目的明星而言，她被送医院的时候，医生难道就没有认出梦露吗？或许根本没人注意，因为当时的梦露是仰躺着，又没有化妆，而且还被毛毯裹着，不仔细看很难认出来。此外，还有一种可能，那就是梦露抵达医院之前就已经死亡了。此时的罗伯特必然是骑虎难下，进退两难。这样一位万众瞩目的明星，因为他，或者说在他的眼皮底下死亡，这件事情如果处理不好，很有可能招致灭顶之灾。更何况，他们之间本身有着这种关系，太敏感，太容易激起风波，搞不好后果会很严重，甚至可能会结束他的政治生命！怎么办？罗伯特没有别的办法，只好将尸体运回梦露家中，放到床上，清理现场，造成自杀或意外死亡的假象。正如罗福德前妻所说，罗福德销毁了一些东西。

虽然这些证据显得零零碎碎，而这个剧本可能在细节上也存在些错误，但从目前所能得到的信息来看，它的确是一种合理的解释。死亡现场为什么井井有条？自杀不像自杀，他杀又找不到证据。电话录音为什么在第一时间消失？而相对重要的日记本、遗书为什么都没有留下？

从记者安东尼·萨默斯所写书中可以看出，梦露的死，罗伯特·肯尼迪难逃干系，可这一切只是作者的一面之词，是否还有其他人与他有着同样的看法呢？

第二种说法，来自梦露生前的传记作者卡尔波齐。卡尔波齐本人与梦露的私交很好，梦露死前一个月还曾打电话跟他谈关于将来写自传的事情。因此，卡尔波齐认为，梦露的自杀显得很突然，这其中或许另有文章。于是，他为了了解清楚整个事情真相，开始了长达数十年的追查。1973 年，卡尔波齐找到莫里太太对质，找她了解梦露死亡前后的一些事情，并在谈话过程中进行了录音。可以说，正是这次谈话，透露出许多鲜为人知的秘密。卡尔波齐于 2000 年 5 月去世，其所写的名为《机密的梦露》一书在其去世前已基本完成。卡尔波齐在书中认为：梦露之死，肯尼迪兄弟责无旁贷。

英国记者安东尼·萨默斯只是说梦露之死，罗伯特·肯尼迪是知情的。但传记作者卡尔波齐却在自己的书中直接说出了梦露之死与肯尼迪兄弟有关，为什么卡尔波齐会如此肯定，是不是他已经掌握了肯尼迪兄弟谋杀梦露的线索呢?

卡尔波齐认为，肯尼迪兄弟之所以谋害梦露，原因有两方面：一方面是肯尼迪总统怕梦露将自己与黑手党的内幕透露出去。原来，肯尼迪在进行1959年的总统竞选时，为了确保竞选万无一失，曾经利用黑手党的势力控制了整个伊利诺伊州大选的局面。而作为条件，肯尼迪答应，在当选之后将不追究黑手党的诸多犯罪事实。可是，肯尼迪后来却违背了当初的承诺，命令当时的司法部部长罗伯特对黑手党进行严厉打击。这件事情让黑手党头目加恩卡纳十分恼火，发誓一定要报复。恰好在这个时候，梦露与肯尼迪打得火热。加恩卡纳便想到利用梦露与总统之间的关系，或者通过这种关系掌握一些机密，从而控制肯尼迪总统。因此，梦露的言行受到了严密的监听监视，从梦露的家中，到美国司法部办公室，都被安装了监听设备。可以说梦露与肯尼迪兄弟之间无不处于别人的监视之下。黑手党的这一举动，使肯尼迪兄弟变得越发恐慌与心神不宁，他们已经意识到这段关系的危险性，很可能对他们的政治生命产生极大的影响。因此，肯尼迪兄弟一致认为，当务之急就是要摆脱梦露，切断联系。于是两兄弟纷纷更改电话号码，减少与梦露见面。总之，对梦露避之不及。

另一方面，罗伯特·肯尼迪总是担心梦露为自己堕胎的事被人发现。事实上，梦露因此曾经威胁过罗伯特。1962年7月20日，梦露悄悄来到洛杉矶巴嫩雪松医院，做了一个堕胎手术。这个孩子就是罗伯特·肯尼迪的。8月2日，梦露来到罗伯特下榻的酒店想与其见面，而罗伯特却避而不见。这时梦露可能就放下了狠话：如果罗伯特不向她当面解释清楚，她就在下星期一，也就是8月6日，举行记者招待会，曝光她与肯尼迪兄弟的关系。这是很要命的事情。在当时，政敌和反对党都在想方设法搜集肯尼迪兄弟的负面材料，梦露早就被盯上了。于是肯尼迪兄弟觉得事态变得越来越严重，因此决定杀人灭口！

第三种说法认为，让美国历史上地位显赫的肯尼迪兄弟亲自出手杀害一个女流之辈，恐怕他们真不太方便，因为这两个人太打眼了。而且他们以前处理过类似的麻烦，特别是“消防队长”罗伯特，对于处理这种事情的经验，就是大不了将人送到国外去。至于说下毒手，在这之前是没有先例的。因为杀人灭口的风险非常大，稍有闪失，后果可能比桃色事件更严重，甚至可能要进监狱。所以，肯尼迪兄弟俩对这件事情肯定是慎之又慎，不会如此果断。

那么梦露最后是怎么被解决的呢？很多人会忽略一个人，他在关键时候一定会出面帮助肯尼迪兄弟搞定麻烦，这个人就是肯尼迪爸爸。那么，肯尼迪爸爸是个什么样的人，莫非真是他帮助两个儿子除掉了梦露这个隐患？

肯尼迪爸爸名叫约瑟夫·肯尼迪，早期毕业于哈佛大学。肯尼迪家族怀有一个长久的梦想——总统之梦，这个家族一定要有人成为美国总统。约瑟夫有一次在教堂里祈祷时暗暗发誓：我已登上了财富的最高峰，我要让儿子登上权力的最高峰！可以说，肯尼迪爸爸是实现家族总统梦的总策划、总导演。他拿出大量金钱调动新闻界、出版界甚至黑社会开展活动，终于使儿子肯尼迪成功成为美国历史上最年轻的总统。在约翰·肯尼迪组阁之时，肯尼迪爸爸就说，把罗伯特安排到内阁中，先当上司法部部长。此时，肯尼迪家族已经达到政治上的巅峰，整个美国都由肯尼迪家族说了算。但是，1961 年，肯尼迪爸爸不幸中风，半身瘫痪，开始坐轮椅。不过，肯尼迪兄弟与梦露之间的所作所为，却始终没有逃过他的耳目。约瑟夫·肯尼迪时刻通过各种可能的渠道，全身心地注视着儿子们的一举一动，他不容任何人败坏肯尼迪家族的名声。而作为曾经游走于黑白两道的老前辈，对付这样一个“小妖精”，约瑟夫·肯尼迪并不在话下。在肯尼迪爸爸眼中，梦露就相当于一个定时炸弹。肯尼迪爸爸在两个儿子和梦露的这场“游戏”中，始终在警惕地冷眼旁观着。一旦这个“小妖精”兴风作浪，肯尼迪兄弟当然不方便出面解决，因为这种作风问题，处理不好会更麻烦，但是肯尼迪爸爸自然不会坐视不管。所以说，肯尼迪爸爸是最合适、最合理的幕后总指挥，这绝不是空穴来风。

1996 年，一本名叫《33 号地下室：玛丽莲·梦露传说最后章》一书在美国出版，该书由一位作家与一名中央情报局退休特工经过十年的采访和调查之后合著。书中说，梦露在死前两周曾堕胎，打掉了她和罗伯特的骨肉。当时，她曾威胁说要把他们的丑事公之于众。如果梦露真的这样做了，肯尼迪爸爸担心影响到两个儿子的仕途，于是，当时已因中风而半身瘫痪的肯尼迪爸爸秘密派人下手杀了梦露。

在《33 号地下室：玛丽莲·梦露传说最后章》这本书中，作者认为是总统约翰·肯尼迪的父亲暗中将梦露杀害的，那这位老人究竟是怎样痛下杀手，将梦露置于死地的呢？这本书是否和卡尔波齐所著的《机密的梦露》有所关联呢？

这场精心策划的谋杀，到底是怎么具体实施的呢？这就与前边第二种说法重合了。这两本书的作者作出了一个相同的推断：能够接近梦露，并让她安静地昏迷继而死亡的人只有一个，那就是私人医生格林森博士。私人医生格林森博士和私人护士莫里太太都是罗伯特安排的，并且，此前他们二人都是为肯尼迪爸爸服务的。8 月 4 日下午 5 点 15 分左右，梦露和她的私人医生格林森博士通过一次电话，说：“我睡不着，你说该怎么办才好？”这说明梦露很信任格林森博士，自然也会很听他的话。只有格林森博士有条件能让梦露安静地昏迷继而死亡。而护士莫里太太则被安排照顾梦露，并将梦露的一举一动向格林森汇报。至于格林森究竟采取什么方式将安眠药及催眠药注入梦露体内，我们却不得而知。不过，流传最多的就是采用肛门注射的方式，往梦露体内注入了致死剂量的催眠药和安眠药。

那么，按照第三种说法，谋杀梦露的整个过程，难道肯尼迪兄弟俩真的没参与吗？这也不太可能。因为对于谋杀梦露这件事，一旦真正发生了，他俩绝不会坐视不管，必然会帮助销毁证据。这就包括了那个记录梦露和肯尼迪家族来往的粉红色的日记本，还有电话公司里梦露当晚的通话记录。

梦露死后，有两件事情让人觉得十分蹊跷。第一件事：据当天最先到达现场的警官杰克反映，格林森博士的神情十分诡异，似乎有得意的笑容。第二件事：事后，有人发现一个女人秘密乘机飞往肯尼迪家族的麻省寓所，机票则是由肯尼迪家族的美国运通卡签账。而这个女人，就是梦露的私人护士莫里太太。

就这样，曾经风靡一时的玛丽莲·梦露，像一颗流星般划过了人们的视线，她的悲惨经历、失败的婚姻以及被传得神乎其神的死亡，也许都将会如过眼云烟般被历史淹没。我们探寻的"真相"，也只是对真相的各种说法进行探究，而真相的复原是无法实现的。很多人反反复复、不厌其烦地寻找梦露真正的死亡原因，而真相似乎一直隐藏在永远拨不开的迷雾之中。更让人们匪夷所思的是，梦露死亡之谜尚未解开，新的谜团又接踵而至——

梦露死后三个多月，肯尼迪总统遇刺身亡；五年后，罗伯特·肯尼迪遇刺身亡！兄弟俩在梦露死后先后遇刺，也成了历史之谜。虽然在公众中引起过种种猜测，但至今谜底仍未揭开，也许是在等待历史中的某一个契机，也许这将永远都是一个谜。